Sobreviva à crise!

2022-2023 Investindo:
Estratégias lucrativas e à prova de inflação para
iniciantes Investir e negociar com moedas
criptográficas, NFTs, títulos, ações e muito mais

Edição 3.0

DEFI MEDIA HOUSE
&
EDITORA STELLAR MOON

Isenção de responsabilidade

Copyright 2021 por DeFi PUBLICANHING - Todos os direitos reservados

Este documento visa fornecer informações exatas e confiáveis em relação ao tema e à questão abordada. A publicação é vendida com a idéia de que a editora não é obrigada a prestar serviços de contabilidade, oficialmente permitidos ou de outra forma qualificados. Se for necessário aconselhamento, legal ou profissional, um indivíduo praticante da profissão deve ser ordenado - a partir de uma Declaração de Princípios que foi aceita e aprovada igualmente por um Comitê da Ordem dos Advogados Americana e um Comitê de Editores e Associações.

De forma alguma é legal reproduzir, duplicar ou transmitir qualquer parte deste documento em meios eletrônicos ou em formato impresso. A gravação desta publicação é estritamente proibida e qualquer armazenamento deste documento não é permitido, a menos que com permissão por escrito da editora. Todos os direitos reservados.

A apresentação das informações é sem contrato ou qualquer tipo de garantia. As marcas que são utilizadas são sem qualquer consentimento, e a publicação da marca é sem permissão ou respaldo do proprietário da marca. Todas as marcas registradas e marcas dentro deste livro são apenas para fins de esclarecimento e são de propriedade dos próprios proprietários, não afiliados a este documento. Não encorajamos qualquer abuso de substâncias e não podemos ser considerados responsáveis por qualquer participação em atividades ilegais.

Criptografia e os mercados financeiros durante a guerra?

A guerra entre a Rússia e a Ucrânia é perturbadora em tantas frentes. Obviamente para, especialmente para a Ucrânia, mas também para milhões de cidadãos e organizações inteiras, governos e processos. Tudo está sendo arrasado, onde o criptograma e suas aplicações podem oferecer perspectiva. A guerra na Ucrânia é o catalisador para a adoção de moedas criptográficas. Neste capítulo, vou mostrar como a Rússia e a Ucrânia estão usando a criptografia neste tempo de guerra, assim como o que você pode contribuir e os prós e contras do mercado de criptografia em tempo de guerra.

Causa da guerra entre a Ucrânia e a Rússia
A guerra entre a Ucrânia e a Rússia é uma grande notícia para o mundo inteiro. Estamos todos preocupados com a fuga dos ucranianos e a luta contra a influência da Rússia. Ou, mais precisamente, a influência de Putin. Mas o que realmente causou esta guerra?

As tensões entre o Ocidente e a Rússia existem há séculos. Por volta da Idade Média, os czares já se opunham ferozmente ao Ocidente moderno e, na época do comunismo, isso não mudou. No início do século XIX, o reinado do czar chegou ao fim e os comunistas assumiram o controle. De fato, desde que Vladimir Putin governou a nação, ele se tornou muitas vezes

mais feroz contra a expansão da União Européia e da
OTAN.

Mas, novamente, se as tensões existem há séculos, por
que a escalada só agora?

Soberania da Rússia
Soberania, no caso da Rússia, significa que Putin detém
a autoridade suprema dentro de seu próprio território.
Portanto, ele não pode apreciar a influência do
Ocidente sobre seu regime, apoiando revoltas.
Considere a Ucrânia, Kosovo, Geórgia e outros países da
Ásia Central.

A Ucrânia está se movendo mais para o Ocidente do
que para a vizinha Rússia, e isso não é apreciado por
Vladimir. O que começou como uma demonstração de
força, onde todos assumiram que Putin queria mostrar
quanta influência ele poderia realmente exercer,
escalou gigantescamente em 24 de fevereiro de 2022,
quando as tropas russas invadiram a Ucrânia a partir da
Crimeia.

A causa exata da guerra entre os russos e a Ucrânia não
é, na verdade, clara. Provavelmente tem a ver com o
desejo de Vladimir Putin de proteger seu país de uma
maior desintegração. A influência de grupos
democráticos ameaçou seu poder, algo imaginário.
Durante meses ele negou os planos de ataque, mas no
final de 2021 Putin ameaçou executar medidas técnico-

militares se a OTAN não quisesse se retirar dos países
bálticos e da Polônia.

Finalmente ficou claro que ele mantém sua opinião de
que a Ucrânia pertence à Rússia e, em 24 de fevereiro
de 2022, ele invadiu o país. Desde então, tem havido
uma enorme crise de refugiados, destruição total,
muitas (fatais) baixas e um problema global. Agora que
a Ucrânia iniciou o processo de se tornar membro da
União Européia, as relações não vão melhorar por
enquanto. O tempo dirá por quanto tempo a guerra vai
continuar, mas como vamos passar o tempo
relativamente incólumes até o final, financeiramente
falando?

Como o criptograma é usado pelos dois países?
O mercado de criptografia da Rússia foi avaliado em
mais de 200 bilhões de dólares em fevereiro deste ano,
mais de 12% do mercado mundial. Na época, uma
grande parte da população estava em posse de moedas
criptográficas, após o que o Ministério da Fazenda russo
apresentou um projeto de lei.

Foi imposta uma proibição de pagamentos
criptográficos de serviços e mercadorias, o que também
colocou imediatamente um limite ao número de rublos
que as pessoas poderiam investir em moedas digitais. A
mineração criptográfica também foi restrita.

No final de março, foi anunciado por Pavel Zavalny
(Presidente do Comitê de Energia da Rússia, entre

outros) que Bitcoin será aceito pela Rússia, quando falamos sobre a exportação de recursos naturais. Nós, como residentes do Ocidente, podemos comprar gás essencial do país de Putin, através de permuta com rublos e ouro.

Os países que não "pressionam" a Rússia podem pagar em suas próprias moedas nacionais, como rublos, liras e yuans, por exemplo. Em resumo, se você apoia a Rússia, as possibilidades são infinitas, mas você trabalha contra ela? Então você está travando uma batalha sem fim.

Criptografia na Ucrânia
A Ucrânia ainda era um pouco mais distante no mercado de criptografia, mas isso está prestes a mudar. Mykhailo Fedorov, o Ministro de Assuntos Digitais, já propôs a legalização do comércio de criptografia para os cidadãos no ano passado. Uma proposta foi escrita e no mês passado (março de 2022) Zelensky fez história ao assinar a proposta.

A legalização do mercado criptográfico na Ucrânia permitirá que as doações em Bitcoin (BTC) sejam utilizadas na luta contra os russos. Segundo o Ministério, este é "um passo importante para tirar o mercado criptográfico das sombras...". Mais de 50 milhões de euros já foram doados em moeda criptográfica em um curto período de tempo.

O papel das moedas criptográficas na crise

Esta é a primeira guerra mundial em que a moeda criptográfica desempenhou um papel proeminente. Os governos estão considerando novas leis e regulamentos e o conflito entre a Rússia e a Ucrânia está sendo afetado de várias maneiras. Ao introduzir a criptografia dentro das fronteiras da Rússia, a influência pode ser exercida sobre o regime autoritário de Moscou. Desta forma, existe uma alternativa ao rublo, que oferece uma perspectiva econômica, mesmo que Putin não gostasse de ver isso, é claro.

Pelos opositores do cripto, fala-se principalmente em incentivar transações ilegais e em uma forma de as entidades contornarem as sanções.

Para a Ucrânia, as moedas digitais são importantes porque podem ser usadas para trazer doações. O Ministério da Transformação Digital desenvolveu um ótimo site para isso, com um slogan atraente: "não nos deixe sozinhos com o inimigo".

Eles já arrecadaram mais de US$ 60 milhões e com mais de 70 moedas você pode apoiar os ucranianos em sua "luta pela liberdade". A maior troca no país oriental, Kuna.io, está ajudando a coletar o máximo de dinheiro de apoio possível. A maioria das doações até o momento tem vindo de consumidores de todo o mundo.

Como as doações criptográficas são implantadas pela Ucrânia?

É uma forma moderna de financiamento de multidões,
que tem várias vantagens e desvantagens. Falaremos
sobre elas mais adiante neste capítulo. Primeiro, vamos
analisar o que Zelensky está fazendo principalmente
com todos esses fundos, a fim de fortalecer sua nação.

Para começar, ele pode conduzir transações mais
facilmente, já que não há necessidade de envolver um
terceiro. Isto evita o risco de bloqueios, já que não há
poder com outras partes. O exército também recebe
apoio, com o qual investe em materiais não letais, tais
como coletes à prova de balas e outros materiais para
apoiar os soldados ucranianos.

No processo, os soldados russos também são pagos em
Bitcoin (BTC), se eles se renderem. Eles recebem então
5 milhões de rublos russos, que se convertem em mais
de 43.000 euros, e são autorizados a retornar à sua
terra natal sem punição por parte da Ucrânia.

Também surgiu um projeto especial de criptografia que
permite doações e investimentos: HUKR (Help Ukraine).

Onde vão parar as doações criptográficas?
Com seu slogan "Investir para doar", eles transferem os
fundos para instituições de caridade, como por
exemplo:

- Soldados reavivados Ucrânia
- NOVA Ucrânia
- Fundação US-Ukraine

- Comitê Internacional da Cruz Vermelha
- Esperança para a Ucrânia
- Fundação LELEKA
- Fundo de Ajuda à Criança Ucrânia

Os fundos são utilizados para adquirir recursos essenciais para a população civil, bem como para gerenciar as evacuações.

Vantagens e desvantagens do criptográfico em tempos de guerra

Vantagens

Conduzir transações sem um terceiro

Maior foco na regulamentação

Stagflation* abre o caminho para um novo sistema financeiro

A estagflação é um porto-manteau de inflação e estagnação. Quando a inflação é alta, o crescimento econômico desacelera e o desemprego permanece elevado.

Desvantagens

Possível impacto negativo sobre o mercado (criptográfico)

Os usuários russos não são de preferência bloqueados, devido à natureza descentralizada

Por que o crypto não está em alta?

O mercado criptográfico é feito para esta situação. Uma moeda descentralizada, anônima e digital é exatamente o que precisamos. "Basta esperar até que a guerra eclode" e "Basta esperar até que a censura aconteça pelos grandes bancos" são declarações comuns dos fanáticos por criptografia. Entretanto, agora que a guerra eclodiu, não há nenhum negócio em expansão na indústria criptográfica. Como isso pode ser?

De acordo com especialistas, há várias explicações para isto. É importante saber que isto não significa absolutamente o fim do sistema descentralizado, pelo contrário. O problema, na verdade, é que o "cidadão comum" ainda tem muito pouco entendimento do criptograma. Até mesmo a elite na Ucrânia está lutando para converter seus bens em moedas criptográficas, em parte porque a conexão à internet é muito pobre.

Outro fator é a alta volatilidade do Bitcoin (BTC). Devido às extremas flutuações de preços, a moeda ainda não é utilizável para fins econômicos e políticos, tais como combater a instabilidade na economia. O Vice-Ministro de Transformação Digital da Ucrânia, Alex Bornyakov, disse o seguinte sobre o papel do criptográfico na crise atual. "Em uma situação como esta, onde o banco nacional não está operando plenamente, o cripto está ajudando a realizar transferências rápidas, para torná-la muito rápida e obter resultados quase imediatamente".

Ao fazer isso, ele também falou cautelosamente: "Acho que o cripto não está desempenhando um papel importante, mas seu papel é essencial neste conflito em termos de ajudar nosso exército".

Neste capítulo, abordamos todos os tipos de aspectos relacionados à guerra entre a Ucrânia e a Rússia e as moedas criptográficas. Há vantagens e desvantagens no uso da criptografia, pois o mercado está longe de estar integrado em todos os lugares. Uma vantagem é definitivamente a natureza descentralizada, mas é claro que há muito mais em jogo em tempos de guerra. O fato de que o dinheiro pode ser levantado independentemente, sem o envolvimento de superpoderes, é, naturalmente, uma surpresa. Tanto os militares como os civis ucranianos podem, assim, receber fundos para trazer a si mesmos ou a seus cidadãos a segurança. Também há dinheiro disponível desta forma para investir em armas ou ferramentas, onde os russos não podem negar-lhes acesso.

Em resumo, pode-se dizer que o uso de moedas criptográficas pode aumentar e garantir o desenvolvimento, a segurança e o abrigo das pessoas em todo o mundo. Ao fazer isso, oferece oportunidades para levantar dinheiro sem barreiras e colocá-lo onde ele é mais necessário. À medida que mais pessoas se familiarizam com o mundo da criptografia e começam a converter seus ativos (parcialmente) em moedas digitais, espera-se que haja um surto significativo de crescimento.

Nota: Se você ficou entusiasmado com a criptografia e sua aplicação? Então vá e faça você mesmo a pesquisa. Não se deixe levar pelo entusiasmo ou pela opinião dos

outros ou pelo seu instinto, mas faça algumas pesquisas
reais.

12

Tabela de Conteúdos

Seu livro GRÁTIS

Se você quiser fazer um começo lucrativo no mundo da moeda criptográfica, certifique-se de baixar nosso bônus gratuito com **12 dicas extremamente valiosas para iniciantes!**

Com este livro e estas dicas, você terá a garantia de começar bem com seus investimentos futuros!

Cadastre-se aqui para ter acesso instantâneo e dar o pontapé inicial para o sucesso de seu criptograma:

https://campsite.bio/stellarmoonpublishing

Nosso Curso de Negociação de

Especialistas em Cripto

Você está procurando uma nova maneira de investir?

Você está procurando ganhar algum dinheiro?

Interessado em investir mas não sabe por onde começar?

Você quer iniciar suas negociações criptográficas com o conhecimento de especialistas de renome em finanças e investimentos?

17

O Curso de Negociação Especializada em criptografia é o curso mais abrangente sobre negociação e investimento com moedas criptográficas. Você aprenderá como negociar em apenas alguns minutos por dia. Nós ensinamos tudo desde análise técnica, gerenciamento de risco, e muito mais.

Nosso objetivo é ajudá-lo a tornar-se um comerciante de sucesso para que seu futuro financeiro possa ser seguro.

Investir nunca foi tão fácil com nosso plano passo a passo que ensina os iniciantes a negociar como um especialista - com o potencial de obter enormes lucros!

A melhor parte deste curso é ensinada por especialistas. Então, do que você está esperando? Comece hoje mesmo!

Para mais informações, visite este link:

https://payhip.com/b/ork8N

Nossos livros

Confira nosso outro livro para saber mais sobre NFTs, NFT trading and selling, como obter lucro e dicas e estratégias essenciais para um início à prova de falhas no universo NFT.

Junte-se ao exclusivo Stellar Moon Publishing Circle, você terá acesso imediato a **12 Dicas de Criptografia Extremamente Valiosas**!

Além disso, você também terá acesso instantâneo à nossa lista de correio com atualizações de nossos especialistas a cada semana!

Inscreva-se aqui hoje:

https://campsite.bio/stellarmoonpublishing

WEB 3.0

A Internet: há muito tempo ela tem sido uma parte cotidiana de nossas vidas. Ao longo dos anos, no entanto, a Internet passou por muitos desenvolvimentos. Enquanto antes só conseguíamos ler algum texto, a web agora se tornou muito interativa.

Parece que estamos à beira de outra mudança drástica na web. Na verdade, fala-se muito sobre a mudança da Web2.0 para a Web3.0. Mas o que é exatamente a Web3.0 e como ela funciona?

A história da Web

A fim de entender corretamente o que é a Web3.0 em um momento, é inteligente olhar primeiro a história da Web. Antes da Web3.0, nós tínhamos a Web1.0 e a Web2.0. Quando você entende exatamente o que eram essas duas primeiras Webs, é muito mais fácil entender o que é exatamente a Web3.0 e por que ela pode ser apenas o futuro.

O que é Web1.0?

Portanto, antes de mais nada, vamos olhar para o início da Web: Web1.0. A Web1.0 é a primeira forma da Web, os primeiros dias da Internet. A Web1.0 não recebeu seu nome até a Web2.0, mas isso não importa por enquanto. A Web1.0 surgiu em 1993, quando a World Wide Web foi aberta a todos, e terminou em 1998, quando a Web2.0 surgiu.

O Web1.0 consistia de sites simples. Pense nisso como uma página web onde você não poderia realmente fazer nada, basta ler algumas informações. Não era interativo, mas havia muito conteúdo disponível. Basicamente eram livros, mas processados na web.

Neste ponto, a web representava muito pouco, mas era uma forma de as pessoas terem muita informação disponível para elas. A base do que viria a ser a Web2.0 e agora a Web3.0 foi lançada aqui.

A história da Web

Para entender o que é a Web3.0, é inteligente olhar primeiro para a história da Web. Antes da Web3.0, nós tínhamos a Web1.0 e a Web2.0. Quando você entende exatamente o que eram essas duas primeiras Webs, é muito mais fácil entender o que é exatamente a Web3.0 e por que ela pode ser apenas o futuro.

O que é Web1.0?

Portanto, antes de mais nada, vamos olhar para o início da Web: Web1.0. A Web1.0 é a primeira forma da Web, os primeiros dias da Internet. A Web1.0 não recebeu seu nome até a Web2.0, mas isso não importa por enquanto. A Web1.0 surgiu em 1993, quando a World Wide Web foi aberta a todos, e terminou em 1998, quando a Web2.0 surgiu.

O Web1.0 consistia de sites simples. Pense nisso como uma página web onde você não poderia realmente fazer nada, basta ler algumas informações. Não era interativo, mas havia muito conteúdo disponível. Basicamente eram livros, mas processados na web.

Neste ponto, a web representava muito pouco, mas era uma forma de as pessoas terem muita informação disponível para elas. A base do que viria a ser a Web2.0 e agora a Web3.0 foi lançada aqui.

O que é Web2.0?
Em 1998, fizemos a transição para a Web2.0. Durante a Web2.0, a web foi cada vez mais utilizada como uma ferramenta de comunicação. De agora em diante, os usuários da Internet poderiam realmente começar a contribuir para a Web. A Web se tornou cada vez mais interativa.

De agora em diante, você tinha não apenas páginas web tipo enciclopédia, mas também sites de redes sociais, blogs, sites de vídeo, etc. Web2.0 é basicamente como conhecemos hoje a Internet. Você pode basicamente fazer qualquer coisa que você possa imaginar.

Você também pode adicionar algo à Internet, por exemplo, criando seu próprio website ou postando um comentário sob uma página, mas você não é o chefe. Grandes jogadores como Google, Facebook e Amazon ainda determinam o que acontece, por exemplo através de algoritmos, mas também simplesmente pela influência que eles têm.

O que é Web3.0?

Este último vai mudar na Web3.0. Na Web3.0, todos nós realmente nos tornamos o chefe da web. Opensource é uma parte importante da Web3.0, qualquer um pode acrescentar algo à web na Web3.0.

Além disso, todos os dados serão conectados de forma descentralizada. Esta é talvez a maior mudança em relação à Web2.0. Enquanto os dados estavam anteriormente nas mãos de vários grandes (centrais) jogadores, na Web3.0 eles são armazenados de forma descentralizada.

A chance de que a moeda criptográfica e a cadeia de bloqueio contribuam para a Web3.0 é muito grande. A cadeia de bloqueios também é descentralizada e é também um livro razão no qual os dados podem ser armazenados. Encaixa exatamente com a Web3.0, pode-se dizer.

Contratos inteligentes também podem contribuir enormemente para a Web3.0. Os contratos inteligentes são contratos totalmente digitais, consistindo em código de computador. Contratos inteligentes podem garantir que certas tarefas sejam executadas automaticamente, porém com segurança, sem a necessidade de um intermediário.

Na Web3.0, a web lidaria com dados de forma mais inteligente e seria capaz de processá-los de forma descentralizada e automática. Todos contribuiriam para a web e não haveria mais nenhuma superpotência real controlando a web.

As vantagens e desvantagens da Web3.0
Como tudo, a Web3.0 tem tanto vantagens quanto desvantagens. Agora vamos começar a olhar para estas vantagens e desvantagens.

As vantagens
Em primeiro lugar, vamos analisar as vantagens. A primeira vantagem, é claro, é conectar todos os dados. A Internet realmente se torna uma espécie de grande rede, por assim dizer, na qual todos os dados são armazenados de forma descentralizada.

Outra vantagem é que o layout muitas vezes fica bonito, porém simples. A navegação na web também será muito mais produtiva e haverá mais cooperação entre os usuários, por exemplo, através de código aberto.

Além disso, o trabalho via Internet será mais eficaz e mais fácil, pois é mais personalizado. Você decide o que vê, e isso não é mais determinado por superpoderes como o Facebook ou Google.

Isto também é algo que muitas pessoas vêem como uma vantagem. Ela é descentralizada, e os grandes jogadores não estão mais encarregados de sua atividade na Internet. Se você vê isto como uma vantagem, é claro, depende de você.

Estas são as principais vantagens da Web3.0, mas quando a Web3.0 for mais amplamente utilizada, poderemos dizer quais são as principais vantagens da nova forma da Internet.

As desvantagens
Naturalmente, a Web3.0 também tem algumas desvantagens. Os dispositivos mais antigos provavelmente não se beneficiarão da Web3.0. Estes dispositivos são muito antigos e podem não ser capazes de se conectar à rede.

Além disso, os sites que datam do período Web1.0 começarão a parecer muito desatualizados. Como resultado, provavelmente não serão mais usados e serão "enterrados" em algum lugar na web.

Além disso, a Web3.0 será provavelmente bastante difícil de entender no início para o total de recém-chegados. Por exemplo, para pessoas que já utilizaram vários protocolos de cadeia de bloqueio, não será tão difícil, mas alguém que não tem absolutamente nenhuma experiência nisso precisará de alguma orientação no início.

Outro inconveniente é que vai ser potencialmente fácil encontrar informações sobre outros usuários. Como tudo é armazenado em uma grande rede de informações e é público, você também pode encontrar muitas informações sobre outros usuários aqui.

Também pode ser visto pelas pessoas como uma desvantagem que não há mais uma superpotência encarregada do que acontece. Embora não seja ideal, é claro, ter que olhar um anúncio a cada 3 postagens no Facebook, por exemplo, o Facebook garante que tudo esteja no caminho certo. Eles se certificam de que as postagens sejam verificadas e que tudo permaneça seguro. Eles removem os golpistas da plataforma e o protegem de coisas que você talvez não queira ver. Nada disso seria o caso quando a Web3.0 fosse totalmente adotada. Não há mais superpoderes controlando tudo, e assim, por exemplo, você também poderia ser mais facilmente exposto a golpistas ou outras partes com as quais você não queira lidar.

Exemplos de Web3.0
É claro, você só pode realmente ter uma boa idéia do que a Web3.0 pode ser quando você tem exemplos concretos da Web3.0. Você pode compará-lo melhor com os dApps, como nós já os conhecemos.

dApp significa aplicação descentralizada. Você pode realmente ver o dApps como o software da cadeia de bloqueios.

Os softwares que usamos atualmente, tais como Microsoft Word, Google e GTA V, são descentralizados. Os usuários não podem simplesmente ver como ele funciona e não podem simplesmente colaborar com ele.

Com a dApps, e como explicamos anteriormente sobre a Web3.0, isto é possível porque é de código aberto. Isto significa que o código do software é público e qualquer pessoa pode acessá-lo, copiá-lo e usá-lo.

Exemplos de dApps neste momento são os DEXs (intercâmbios descentralizados). Uma troca descentralizada é uma troca sobre a qual ninguém tem controle, ao contrário das trocas centralizadas. A liquidez aqui é fornecida pelos usuários e toda a troca pode existir por causa dos esforços dos usuários.

Um exemplo concreto de um dApp é, por exemplo, Augur. Augur é um dApp na rede Ethereum e você pode realmente compará-lo com o Unibet. Você pode usar Augur para apostar no resultado de certos eventos. Por exemplo, pense em eventos esportivos, tais como lutas de MMA ou jogos de beisebol MLB, mas também no resultado do mercado de criptografia. Por exemplo, você pode apostar se o preço de uma determinada moeda criptográfica está acima de uma determinada meta em uma determinada data. Augur é assim completamente descentralizado e de código aberto.

Outro exemplo concreto de um dApp é a Everipedia. Everipedia é um dApp na rede blockchain e você pode comparar melhor o Everipedia com o Wikipedia. Everipedia contém informações e notícias sobre basicamente tudo relacionado à cadeia de bloqueios. Qualquer pessoa pode adicionar artigos à Everipedia e ela é completamente descentralizada. Assim, por exemplo, ninguém decide o que é e o que não é permitido na plataforma, porque ninguém tem poder sobre a plataforma.

Investindo na Web3.0

Talvez enquanto lia este blog você pensou: como posso investir na Web3.0? Não é uma pergunta louca, pois a popularidade da Web3.0 tem crescido a um ritmo tremendo nos últimos meses. A maneira mais óbvia de investir na Web3.0 seria investindo em protocolos Web3.0, como um dos dApps mencionados anteriormente.

Por exemplo, você pode investir no símbolo de um DEX. Pense na ficha da Uniswap, UNI, ou na ficha da PancakeSwap, CAKE. Quando você investe no token de um DEX, você investe basicamente no sucesso de um DEX. Na verdade, muitas vezes a ficha serve como uma ficha de governança, por exemplo. Isto significa que os proprietários do token podem votar sobre o futuro da plataforma. Assim, quanto mais pessoas usarem a plataforma, mais pessoas vão querer participar da tomada de decisões, mais pessoas vão comprar a moeda e isto faria com que o preço subisse.

Outro exemplo concreto de um investimento na Web3.0 é, por exemplo, o Filecoin. O Filecoin é um protocolo descentralizado que permite que qualquer pessoa "empreste" espaço de armazenamento em seu computador. Assim também, qualquer pessoa pode "comprar" espaço na rede. Na verdade é semelhante ao

Google Cloud ou Amazon Web Services como o conhecemos hoje, apenas que o espaço é emprestado pelos próprios usuários, e não pelas superpotências, neste caso, o Google e a Amazon.

Desta forma, existe um projeto Web3.0 para quase tudo o que vemos atualmente na Internet. Com um pouco de pesquisa, muitas vezes é possível encontrar um projeto Web3.0 que oferece uma solução para um determinado problema e você poderia investir nele.

A Web3.0 poderia ser a nova Internet. Parece mais e mais que depois da Web1.0 e Web2.0 estamos agora caminhando para a Web3.0.

Web3.0 é uma nova forma da Internet, onde o poder não está mais nas mãos de algumas superpotências. Não apenas o poder não está mais nas mãos de algumas superpotências, mas todos que o utilizam estão contribuindo para ele ao mesmo tempo. Além disso, ele está perfeitamente sintonizado como todos o querem para si mesmos.

Isso parece ideal, é claro! No entanto, é claro que existem tanto vantagens quanto desvantagens. Por exemplo, você pode ver como uma vantagem, mas também como uma desvantagem, que não há mais superpoderes no jogo, e tudo é descentralizado.

Embora não seja mais determinado para você o que você pode ver, também não é mais controlado o que você pode ver. Assim, por exemplo, você pode ser mais facilmente exposto a golpistas.

Há certamente uma chance de que a Web3.0 seja vista em todos os lugares dentro de alguns anos, e assim você poderia investir nela. Entretanto, nada do que você leu neste blog é conselho financeiro, e por isso você deve sempre fazer sua própria pesquisa e investir apenas com base em suas próprias descobertas.

O roteiro do Ethereum

O Ethereum é conhecido como a primeira plataforma de contrato inteligente, que foi lançada em 2015 e tem sido favorecida pelos desenvolvedores, usuários e investidores desde então. Apesar do interesse no Ethereum ter sido muito grande durante anos, e a tecnologia ser amplamente utilizada, a plataforma está longe de estar pronta.

Vitalik Buterin, o fundador e CEO da Ethereum, indicou durante o evento EthCC que a Ethereum está atualmente com apenas 40% de acabamento. Portanto, há ainda um longo caminho a percorrer. Durante o mesmo evento, o CEO discutiu quais passos ainda precisam ser dados para completar o projeto, criando uma espécie de "roteiro do Ethereum".

O roteiro é composto de um total de cinco partes. Neste capítulo, você pode descobrir como é o roteiro do Ethereum e o que ele significa para os investidores, desenvolvedores e usuários da cadeia de bloqueio Ethereum.

A cadeia de bloqueio Ethereum

Onde Bitcoin é visto como o bengaleiro do mercado de criptográficos, onde todos os altcoins atuam como casacos, pode-se argumentar que o Ethereum tem um papel semelhante. A cadeia de bloqueio do Ethereum é vista como o bengaleiro de um novo tipo de internet.

O Ethereum é a base tanto para aplicações descentralizadas (dApps) quanto para contratos inteligentes, que podem ser criados na cadeia de bloqueio do Ethereum. Graças à tecnologia de cadeia de bloqueio, o desenvolvimento ou a criação dessas aplicações é muito mais seguro e transparente, o que se deve em parte ao fato de que o projeto da Vitalik Buterin é um protocolo de cadeia de bloqueio de código aberto.

Se você quiser criar seu próprio dApp ou contrato inteligente na rede do Ethereum, você precisará entender o necessário da programação. Para programar no Ethereum, você precisará descobrir a linguagem de programação do Ethereum. Esta linguagem de programação é chamada de Solidez e é rotulada como uma forma simples de criar dApps ou contratos inteligentes.

Atualmente (julho de 2022), o Ethereum ainda utiliza o sistema de Prova de Trabalho (PoW), onde são instalados computadores para manter a rede segura. Por este esforço, estes mineiros são recompensados sob a forma de ETH, a moeda do Ethereum.

O objetivo do Ethereum é passar para o sistema de Prova de Consumo (PdS) até 2022, onde os computadores não precisam mais minerar, mas sim a cessação do Ethereum é importante. Este método é visto como uma alternativa sustentável que é melhor para o meio ambiente.

Vitalik Buterin

O homem importante no Ethereum é Vitalik Buterin. Ele é o fundador e CEO da Ethereum, e viu o enorme potencial de seu projeto anos atrás. Entretanto, o que é um fato notável é que ele fez saber no passado que a cadeia de bloqueio do Ethereum não levava em conta as NFTs.

Quem sabe, podemos encontrar momentos semelhantes no futuro, onde um mercado completamente novo emerge e o roteiro do Ethereum acaba por não estar completamente terminado. Por enquanto, o foco está em cinco componentes diferentes, que Buterin anunciou durante o EthCC.

EthCC significa Ethereum Community Conference, e foi realizada na França. Aqui Buterin falou sobre o roteiro e os diferentes nomes que ele deu aos componentes. Todos os nomes são semelhantes e rimam uns com os outros. Portanto, pode ser difícil lembrar de todos os nomes em ordem.

A Fusão

Buterin indicou que o protocolo Ethereum estava apenas 40% completo, mas que a Fusão levará a 55%. Quando a fusão estiver completa, o CEO pensa que o projeto estará 15% mais adiantado. Então a Fusão está tendo um impacto considerável sobre o Ethereum, mas o que é exatamente?

A Fusão é uma fusão da Cadeia Beacon e da tradicional
cadeia de bloqueio do Ethereum, ou Ethereum's
mainnet. Esta fusão é um desenvolvimento importante
para a comunidade do Ethereum, pois eles vêm
trabalhando neste movimento há anos. Se a fusão
falhar, anos de dinheiro e desenvolvimento terão sido
desperdiçados.

A fusão da rede principal e da Cadeia Beacon também
significa que o Ethereum está se movendo para a Prova
de Consumo (PdS). Um momento único, nunca antes
visto dentro do mundo criptográfico.

Meu colega Matt escreveu anteriormente um blog
sobre The Merge, que você pode descobrir através
deste link. Aqui Matt entra em mais detalhes sobre The
Merge e, além disso, quais são as implicações deste
desenvolvimento.

O surto

Junto com os altos custos de transação, a escalabilidade
é um dos principais problemas com o Ethereum. Muitos
investidores e usuários estão mudando para outras
plataformas de cadeias de bloqueio, porque são menos
afetados por estes problemas. No entanto, com The
Surge, isto pode mudar no futuro.

Durante The Surge, a segunda parte do roteiro do
Ethereum, serão acrescentados estilhaços. O sharding
significa que a rede será dividida em várias partes, o
que permitirá uma melhor gestão da rede. Uma

conseqüência da onda é que os rollups se tornarão muito mais baratos. Além disso, os nós serão mais fáceis de gerenciar.

A VERGEM
Quando os desenvolvimentos em torno do protocolo Ethereum estão a meio caminho, o protocolo se encontra na seção The Verge. Nesta etapa, o foco será sobre os nós e os validadores. Estes aspectos são uma parte importante da tecnologia da cadeia de bloqueio.

O ajuste que é feito no The Verge é chamado "Verkle Trees" por Buterin. Ao fazer isso, o tamanho do nó torna-se menor, e o Ethereum torna-se mais escalável. Ao fazer isso, torna-se possível se tornar um validador da rede, sem ter que armazenar grandes quantidades de dados.

O Ethereum é visto como uma plataforma centralizada, mas com The Verge isso vai mudar. O próprio Buterin chama este movimento de um bom passo para a descentralização do protocolo Ethereum.

Muitas vezes os projetos, que têm planos descentralizados, começam como um projeto centralizado. À medida que o projeto cresce e a descentralização se torna mais viável, ele será implementado. A descentralização tem sido um dos pontos focais desde o início das moedas criptográficas, das quais o Ethereum ainda não perdeu de vista

A Purga

Com a quarta parte dos planos futuros do Ethereum, o fim parece estar se aproximando lentamente. Este componente é chamado de A Purga. Esta parte envolve a abordagem do histórico da rede na plataforma. No processo, ele irá purgar dados antigos, o que deverá contribuir para um melhor protocolo de trabalho.

Buterin disse que através do The Purge, o protocolo é simplificado por não exigir nós para armazenar o histórico. Como resultado, os nós têm mais espaço livre no disco rígido porque o protocolo simplesmente pede menos do disco rígido.

O Esguicho

A quinta e última parte do roteiro do Ethereum é chamada The Splurge. Quando a equipe chega a esta etapa, a maior parte do trabalho já foi feita e marcos importantes já foram alcançados. Agora é hora de trabalhar, o que Buterin chama de "coisas divertidas".

Esta parte dos planos é para várias pequenas atualizações e para fazer manutenção. Estas atualizações e manutenção permitirão que a plataforma de contrato inteligente do Ethereum se mantenha em funcionamento e complete o roteiro.

Construa seus fundos de aposentadoria

Estamos atualmente em tempos difíceis e não apenas financeiramente. A mudança climática, a crise dos refugiados, uma guerra, uma inflação galopante e uma crise de saúde global. Muitas questões com as quais você pode se preocupar, mas com sua própria pouca influência.

Mas sua posição financeira, você certamente pode mudar. Neste capítulo vou levá-lo por três maneiras de aumentar sua aposentadoria, para que você possa realmente aproveitar sua velhice.

Reservar dinheiro para uma aposentadoria despreocupada

Todos nós sabemos sobre pensões, porque quem não economiza para uma velhice relaxada? Na Holanda, todos nós recebemos AOW, que cobre em grande parte nossos custos básicos. Se você quiser aproveitar um pouco mais a vida, como comer fora, ir de férias e comprar os últimos aparelhos de vez em quando, então a pensão de velhice por si só não é suficiente. Certamente não em uma sociedade cada vez mais cara! Mas como você pode construir esse amortecedor, para que você tenha ao menos a certeza de uma agradável etapa final de vida?

Você pode fazer isso por meio da poupança-reforma. Ao aumentar seu limite de gastos futuros, você já pode se beneficiar de vantagens fiscais. Há três maneiras que discutiremos aqui: investimento, poupança e poupança bancária.

1. Economia

A economia costumava ser o padrão. A cada mês uma parte da renda era reservada, de modo que havia reservas suficientes para as férias ou se a máquina de lavar se avariasse. Uma pensão era simplesmente acumulada com o empregador, que costumava ser o padrão de ouro. Hoje em dia, isto realmente não é evidente e há tantas variações no contrato de trabalho honrado pelo tempo que há mais pessoas sem seguro-reforma do que com ele.

Economizar é uma maneira de construir riqueza extra, mas então você não deve ter muitos contratempos. Uma taxa de poupança negativa e uma inflação disparada, como é o caso agora, são como uma queda no balde. Quais são as vantagens e desvantagens deste método de poupança adicional para aposentadoria?

Vantagens

- O dinheiro está simplesmente em sua conta poupança, portanto, você pode retirá-lo a qualquer momento;
- Você pode economizar automaticamente no banco hoje em dia, facilitando a acumulação de riqueza sem ser notada.

Desvantagens

- Você já paga imposto patrimonial acima de 50.650 euros (2022);

- Com as taxas de juros atuais, você estará indo para trás em vez de para frente;
- Baixo retorno a longo prazo, tão má notícia para sua aposentadoria;
- Inflação de Skyrocketing não é um bom efeito colateral.

2. Poupança bancária

A poupança bancária também costumava ser mais normal do que é agora, pois também é chamada de conta poupança por anuidade. Se você, como eu, é milenar, então você não estará tão familiarizado com isto. Esta forma de poupança não só está um pouco ultrapassada em termos de uso, mas como uma maçã para maçã, não é mais tão lucrativa assim. Dê uma olhada!

Benefícios
- Construa seus bens lentamente, até que você se aposente;
- Você já sabe o que será pago mensalmente mais tarde;
- Você não paga impostos agora, mas pagará quando pagar.

Desvantagens
- Não há opção de se aposentar mais cedo e desfrutar deste amortecedor;
- Forma complexa de economizar, devido às regras tributárias;
- Envolve um intermediário, portanto, é também uma proposta cara.

3. Investir para a aposentadoria

Investir para sua aposentadoria é, naturalmente, a opção mais interessante. Você pode investir em todos os tipos de ativos, para que possa investir em seu futuro com uma carteira diversificada. É claro que isto não é um conselho financeiro, porque você deve sempre fazer sua própria pesquisa! Não confie cegamente na opinião de ninguém e também não siga o instinto de ninguém, porque o dinheiro é seu! Dito isto, quero dar uma olhada mais de perto no investimento para a aposentadoria.

Escolha investir em ações, imóveis, títulos, NFTs, criptográficos e fundos mútuos. Se você depositar uma quantia mensal em Bitcoin (BTC), comprar ações regularmente através da Etorro, investir em ouro ou simplesmente adicionar os ETFs da BitPanda: a escolha é sua!

Atenção: o investimento em pensão é uma forma oficial de poupança-reforma, onde suas opções são limitadas. Por exemplo, você pode depositar através de certos planos de poupança-reforma, mas não pode vender mais cedo e ter os lucros pagos. Quando se investe sem um protocolo oficial, isto é possível, é claro.

Benefícios

Um retorno relativamente alto a longo prazo;
* Pagando um imposto mínimo com sua declaração anual de impostos;

- Experimente as vantagens fiscais;
- Acrescente diversidade ao seu portfólio, para que você divulgue suas oportunidades.
- Desvantagens
- Sem garantias, como acontece com as outras formas de poupança-reforma suplementar;
- Vender cedo e retirar o dinheiro é possível com investimento, mas não com investimento de pensão;
- Pagando imposto sobre ganhos de capital acima de 50.650 euros;
- As leis e regulamentos mudam com bastante freqüência, portanto, é preciso continuar monitorando isto.

Quanto dinheiro você deve realmente ter para sua aposentadoria?

Se você nunca pensou nisto antes, este é um bom primeiro passo. Agora você sabe quais são as opções para a construção de uma pensão, mas como chegar lá? Cerca de 70% proíbem sua última renda, nós consideramos uma boa pensão. Você pode ver quanto é esperado receber através da plataforma do governo e através de seu(s) provedor(es) de pensão, mas isto é apenas a pensão acumulada através de rotas oficiais de pensão. Isto não inclui quaisquer investimentos e contas de poupança.

Digamos que você esteja na casa dos trinta e de repente pense: que se lixe, preciso fazer algo para mais tarde! Se você é solteiro e tem uma renda mensal bruta de cerca de 2.250 euros, então você assume (70%) um valor-alvo de 1.575 euros por mês. Esta é a quantia de que você precisará mais tarde para viver confortavelmente. Há dois passos a serem dados a partir de hoje até uma velhice relaxada e eles são os seguintes:

Qual é seu objetivo?

Quanto tempo você ainda tem para trabalhar para isso? Se você tem 30 anos, isso significa que ainda tem cerca de 35 anos para trabalhar para a aposentadoria. Sua conta poupança pode estar um pouco vazia e abandonada neste momento, portanto você tem uma base real e deve começar com nada. Não há um depósito único e você começa a trabalhar mensalmente em seu futuro. Se você assumir que o benefício da pensão do Estado é de cerca de 1.250 euros por mês, então um pouco de matemática mostra que para cada dez anos após atingir a idade de aposentadoria, você precisará de cerca de 39.000 euros. Dependendo da idade que você possa vir a ter, este valor aumenta. Se você viver até os 97 anos, você precisará reunir até 117.000 euros.

Se você começasse imediatamente aos 30 anos de idade, 263,51 euros por mês seriam suficientes para você.
Isso é bastante viável, não é?

Você precisa de uma renda maior primeiro, antes de começar a economizar para mais tarde? Então leia este capítulo sobre como você pode ganhar renda passiva com criptografia, entre outras coisas. Observe, entretanto, que você sempre acumula sua riqueza em consulta com um especialista financeiro ou que você mesmo se aprofunda no assunto. Em nosso país, o sistema tributário nem sempre está de acordo com nossas próprias ambições e desejos!

E se você quiser se aposentar mais cedo?
Pessoalmente, posso imaginar que você gostaria de se aposentar mais cedo. Quanto mais capital você acumular, mais cedo você poderá se aposentar completamente ou talvez trabalhar menos. E quanto a uma pensão provisória, a sabática honrada pelo tempo, você já pensou sobre isso? Uma licença sabática proporciona uma nova aventura em sua vida, ou descanso, exatamente o que você precisa. Você tem tempo e espaço para fazer o que lhe dá energia, mas depois você tem que criar o espaço financeiro necessário para isso.

O que é uma licença sabática?
Portanto, uma licença sabática é uma pausa em seu trabalho. Um momento para viver sua vida sem as restrições da vida cotidiana. É claro que você pode voltar de mochila, fazer uma viagem distante ou simplesmente acampar no seu quintal. O que quer que o faça feliz, você precisa pensar em quanto tempo quer fazer essa pausa. Você irá por alguns meses? Seis meses ou um ano? Mais tempo? Dependendo da duração e do

que você vai fazer nesse meio tempo, você pode estimar o custo.

Quanto custa uma licença sabática?
Escusado será dizer que 12 meses em uma viagem ao redor do mundo serão mais caros do que seis meses em seu próprio jardim apreciando os pássaros cantando. Uma vez fiz um cálculo para Picos que mostrou que uma viagem de seis meses ao Sudeste Asiático para duas pessoas custaria 4.750 euros por mês. Durante seis meses isso significaria quase 30 mil euros, mas isso incluiu vôos domésticos, muitas visitas a restaurantes e viagens exclusivas, de modo que você também pode torná-lo muito mais barato. Pelo mesmo dinheiro, você também pode optar por tirar 12 meses de folga em seu ambiente doméstico, portanto, depende apenas do que você preferir.

Neste capítulo, discutimos uma pensão e uma pensão intermediária, também conhecida como licença sabática. Analisamos três formas de complementar sua pensão; formas que também são fiscalmente possíveis em nosso país. Há muitas coisas a serem levadas em conta, por isso expusemos as vantagens e desvantagens das três formas - poupança, investimento em pensão e poupança bancária.

Eu mostrei uma amostra de cálculo para sua velhice, assim você também pode preparar esta foto para si mesmo. Tenha em mente que isto não é um conselho financeiro e sempre seja informado por alguém que entenda de finanças e impostos. Cada situação é única, portanto, sua vida e situação financeira também exigem uma abordagem personalizada. Comece determinando sua visão do futuro. De quanto dinheiro você precisa até lá e quantos anos lhe restam para conseguir isso? É claro que também pode ser que você queira se aposentar aos 50 anos, caso em que você terá que ajustar um pouco o cálculo.

Investindo em relógios

Dinheiro em uma meia debaixo do colchão, investindo em imóveis ou tirando aqueles cartões Pokemon do sótão afinal de contas. Fazemos tudo o que podemos para maximizar nossos retornos. Em tempos de inflação alta, é hora de agir e somos confrontados com o fato de que nosso dinheiro vale cada vez menos. É por isso que cada vez mais pessoas estão encontrando refúgio em investimentos. Não apenas em criptografia ou ações, mas também em bens de luxo como relógios.

Protegendo seus bens contra uma queda no poder de compra
Em 2022 as compras se tornaram mais caras, a compra de uma casa ficou cada vez mais difícil, e a gasolina? Isso já é um dreno em nossos recursos. Mas em tempos de declínio do poder aquisitivo, quando seu dinheiro vale cada vez menos, mais e mais pessoas estão usando diferentes formas de investimento. Por exemplo, você pode investir em ETFs como o popular S&P500, mas cada vez mais vemos as pessoas comprando bens de luxo como proteção de seu poder aquisitivo. Não apenas comprando aquela bolsa de edição limitada da Chanel para se exibir para seus amigos, mas para se manter como um ativo real. Eles são uma alternativa melhor de qualquer forma porque conservam seu valor, ao contrário de moedas "fiat" como o dólar e o euro.

Investir em produtos de luxo - sábio?

Se olharmos para o preço das ações da empresa francesa Louis Vuitton Moët Hennessy, o maior conglomerado mundial de produtos de luxo, vemos que o preço subiu acentuadamente nos últimos anos. Onde no final de dezembro de 2018 vimos um preço de 41 euros, no momento em que escrevemos, vemos um preço atual de 635 euros.

Note que nem todos os bens de luxo retêm seu valor, ou mesmo aumentam de valor. Por exemplo, há inúmeros produtos que perdem seu valor significativamente nas primeiras semanas ou meses. Pense em carros caros e exclusivos. Quando eles fazem suas primeiras milhas, eles perdem significativamente seu valor. Você quer investir em um produto que você pode -hopefully- vender mais tarde para ter lucro? Então, um carro não é a melhor opção.

Os relógios como um investimento
Os ricos deste mundo têm todos eles em sua coleção: relógios que valem uma esplêndida vila ou um carro extremamente caro. É apenas para ser visto, como parte de sua imagem, ou são estes "ricos e famosos" investidores inteligentes? Descubra aqui 5 marcas que têm a melhor trajetória para manter seu valor, ou até mesmo que aumentaram de valor:

Rolex
De homens de negócios internacionais ao rap da Holanda, parece que todos são líricos em relação à Rolex, os relógios suíços. Quando pensamos em relógios

únicos e caros, a Rolex é invariavelmente a número um. Durante anos, ele dominou as listas como os melhores investimentos quando se trata de relógios. Não só os preços aumentaram 3,4% no início de 2022, mas a demanda está sempre aumentando por estes relógios de luxo escassos.

A Rolex mencionou anteriormente que não planeja aumentar sua capacidade de produção. Isto significa que a escassez de abastecimento continuará, portanto, a crescer. O resultado? O preço deste relógio de luxo continuará a subir, quando a demanda aumentar, mas a oferta permanecer a mesma.

Rolex Daytona 18 quilates
Uma destas gemas é o Rolex Daytona 18 quilates com um mostrador verde ouro amarelo 116508. Não apenas um verdadeiro deleite para os olhos, mas certamente um investimento lucrativo. O preço deste relógio de luxo aumentou significativamente ao longo dos anos:

- 2018 agosto: 27.000 euros
- 2019 de julho: 38.500 euros
- 2020 agosto: 42 200 euros
- 2021 de setembro: 70 600 euros
- 2022 Março: 121 800 euros

Patek Philippe
A marca de relógios suíça Patek Philippe não é estranha para os verdadeiros entusiastas. Desde uma abundância de diamantes superfaturados até uma pulseira com

acabamento em pele de jacaré especial. Você paga
muito, mas também recebe algo em troca. Com mais de
140 modelos, um Patek Philippe lhe custará entre US$
12.500 e quantias astronômicas de até milhões de
dólares. Quanto mais raro for o modelo, maior será o
preço. Felizmente, há também modelos que são
acessíveis (leia-se: mais acessíveis) para o público em
geral. Por exemplo, você já tem um Patek Philippe por
$5.000 a $10.000.

Top 3 relógios mais caros Patek Philippe
Patek Philippe não só é uma marca popular de relógios,
mas é uma das marcas mais caras. Aqui, vejamos os 3
relógios mais caros da renomada marca de relógios de
luxo:

1. Patek Philippe Grandmaster Chime 6300

Esta jóia é, sem dúvida, o relógio mais caro do mundo.
Não só é considerado o relógio mais complexo feito até
hoje, mas este exemplo também contém um alarme e
está gravado: "O Único". Curioso quanto ao custo deste
exemplar? Por cerca de US$ 31,19 milhões, o relógio foi
vendido. Barganha, certo? Outras fontes como a
ManOfMany até mesmo falam sobre o valor de 72
milhões de dólares até julho de 2020.

2. Patek Philippe Aço Inoxidável

O que torna este relógio especial é que este modelo é o
primeiro cronógrafo do mundo com um calendário

perpétuo. Um total de 281 modelos dele foram produzidos, mas apenas 4 deles são de aço inoxidável. Outro grande exemplo de como a escassez pode determinar o valor de um produto de luxo. A etiqueta de preço? Muito mais barato que o Grandmaster Chime, mas ainda comercializável por cerca de 11,4 milhões de dólares.

3. Patek Philippe Gobbi Milan 'Heures Universelles' 2523

O que torna um relógio único ainda mais único? Os materiais, é claro. No total, apenas 7 cópias foram feitas do Gobbi Milan com ponteiros de ouro rosa e uma moldura azul. Ao longo dos anos, segundo consta, vários deles pereceram, tornando este ainda mais escasso. Você gostaria de possuir exatamente este espécime? Então você pagará cerca de 9 milhões de dólares.

Cartier

Quando o prestígio vem primeiro, você se volta rapidamente para a casa de jóias francesa Cartier. A marca é mais freqüentemente associada à realeza de todo o mundo. Relógios de luxo da Cartier retêm seu valor dependendo de vários fatores.

Por exemplo, um Vintage Cartier pode aumentar em valor mais do que um modelo mais novo. Este preço também depende, como acontece com outras marcas, das tendências. Também tem sido feita uma pesquisa para determinar quais relógios têm o melhor potencial no mercado secundário:

- Tanque Cartier
- Santos de Cartier
- Ballon de Cartier
- Pasha de Cartier
- Panthere de Cartier
- Calibre de Cartier

Audemars Piguet

Por mais de 100 anos, a empresa suíça Audemars Piguet tem sido um dos líderes quando se trata de relógios exclusivos. Não é surpresa, portanto, que o mundo tenha voltado seus olhos para estes exames como um investimento. Há inúmeras razões para os entusiastas afirmarem que a Audemars Piguet é o melhor investimento, mas quando olhamos para os números, vemos que o preço aumentou em 18% em 2021.

A revista Forbes nomeou Audemars Piguet "Marca de Relógio Mais Respeitada" por nada menos que 7 anos consecutivos, de 2011 a 2017. E fato divertido: ninguém menos que Beyonce comprou vários exemplares para seu marido Jay-Z. Mas várias estrelas de Holywood são fãs: Drake, Kim Kardashian e Kanye West.

Você está inspirado pelas celebridades acima? Então você pagará uma grande soma de dinheiro. Os preços variam de US$ 3.500 a US$ 25 milhões por peças únicas. Claro, tudo isso depende da edição, dos materiais utilizados e das características. Isto é, portanto, importante para a pesquisa, para que você possa estimar se vale a pena o investimento.

Vacheron Constantin
Não é surpresa que Vacheron Constantin também seja uma marca suíça. Com a crescente e contínua popularidade da Rolex, os colecionadores e investidores estão procurando por alternativas. No processo, a Vacheron Constantin está ganhando popularidade, graças em parte às mídias sociais. A marca tem uma coleção chamada Overseas Collection, que é abertamente elogiada. Esta coleção existe desde 1996, mas recebeu uma reforma em 2016.

Seu principal item nesta coleção é o Tourbillon Ultramarino, do qual existem apenas 3 peças nessa composição. Graças à sua escassez, ele ultrapassa o balcão por £108.000, o equivalente a EUR128.000.

Como você determina o valor de um relógio?
Você está contando todas as suas economias para comprar um relógio? Cuidado, vemos na realidade que nem todos os relógios são um bom investimento. O preço de um produto de luxo é simplesmente determinado pela correlação entre a oferta e a demanda, como na economia clássica. Se houver uma oferta limitada, mas a demanda for muito alta, o produto aumentará de valor. Vemos que todos estes relógios de luxo têm uma edição limitada, portanto há uma grande demanda da classe rica em todo o mundo.

Você conseguiu obter um exemplar tão bonito? Então você pode vendê-lo, na esperança de que alguém esteja disposto a pagar mais.

Quais são os perigos e riscos de se investir em relógios?

Investir sempre vem com certos riscos, assim como investir em relógios. Apesar do fato de que os preços destes produtos de luxo únicos continuam a subir, é aconselhável fazer suas pesquisas com cuidado também aqui. Não há garantias.

Mercadorias falsas

Não apenas Hollywood adora estas peças impressionantes, os criminosos e vigaristas as vêem com igual ardor. Eles observam estes relógios de luxo com desconfiança e com a maior delicadeza que têm copiados, a fim de vendê-los aos preços atuais. Dinheiro rápido, certo? Portanto, vá sempre a um revendedor oficial e nunca faça negócios com partes desconhecidas. Afinal de contas, não estamos falando de uns poucos dez.

Segurança

Você planeja usar seu relógio ou apenas mantê-lo como um investimento? Infelizmente, vemos cada vez mais pessoas sendo assaltadas, mesmo em plena luz do dia, por causa de seus relógios caros. Sem piedade, os ladrões farão de tudo para roubar aquele relógio caro de você. Portanto, certifique-se sempre de manter seu relógio em um lugar seguro. Isto pode ser em um cofre em casa, ou mesmo em um cofre no banco. Portanto, um relógio caro perde o valor de uma casa, obviamente não há ninguém esperando.

O investimento pode ser feito de inúmeras maneiras. Com o advento da Internet, não só há mais informações disponíveis, mas também mais oportunidades para investir. Desde commodities, até ouro, mas também pense em produtos de luxo, como bolsas de grife e também relógios. Em tempos de inflação onde o valor do nosso dinheiro está se tornando menos valioso, os investidores escolhem algo que é mais provável que retenha valor. E, no melhor dos casos, ainda aumenta de valor.

Este investimento pode ser de curto prazo, mas certamente também de longo prazo. Considere os relógios únicos, honrados pelo tempo, que se tornam parte de um legado e são transmitidos de geração em geração. Mas tenha em mente que nem todos os relógios são um investimento. Portanto, faça uma pesquisa adequada sobre todas as especificações. Pense em quantas dessas cópias são feitas, em que materiais consistem, qual é a imagem da marca, etc. Você ainda quer fazer o investimento? Consulte sempre um revendedor oficial ou deixe que um especialista o ajude.

O S&P500

Fazer seu dinheiro trabalhar para você, por que não fazê-lo em primeiro lugar? Mas as oportunidades de investimento e as formas de investimento vêm com um certo grau de risco. Normalmente a regra é, quanto maior o risco, maiores os ganhos potenciais. O lado negativo? Que as perdas potenciais são pelo menos tão grandes. É por isso que muitos investidores, tanto iniciantes quanto avançados, optam por um fundo de investimento como o S&P500. Descubra neste capítulo o que é o S&P500, como ele funciona e como você mesmo pode começar a usá-lo!

O que é o S&P500?
O S&P 500 é um índice de ações que rastreia as 500 empresas com melhor desempenho e as maiores companhias de capital aberto da América. S&P significa Standard & Poor, os nomes das duas empresas financeiras fundadoras que calcularam um índice no qual foram incluídas as ações de nada menos que 500 empresas americanas. Como tal, é um dos barômetros mais conhecidos do mercado de ações do mundo e é usado para ver como a economia americana está saudável na época. Quando olhamos para os dados do início de 2022, vemos que o S&P500 teve um retorno médio de 13,9% durante os últimos 10 anos. Em outras palavras, a última década foi um período de crescimento econômico.

Como funciona o S&P500?

Todo o S&P500 acompanha a capitalização de mercado das empresas incluídas neste índice. É tomada uma média ponderada de todas estas empresas deste setor, expressa em porcentagem.

ETF

Um ETF é um fundo negociado em bolsa, mais conhecido como um index tracker. Trata-se de uma "cesta de ações" que rastreia o preço de um determinado fundo. Neste processo, você não investe realmente nas empresas individualmente, mas escolhe fazer um investimento global. Existem diferentes tipos de ETFs, cada um com seu próprio perfil de risco.

Setores S&P500

O S&P500 é composto atualmente por 11 setores diferentes. Em cada um desses setores existem várias empresas americanas que atendem aos requisitos para fazer parte do S&P500, discutiremos isso mais adiante neste blog. O S&P500 está, portanto, dividido em 11 setores diferentes, ou seja:

- Tecnologia da Informação
- Cuidados com a saúde
- Discrição do consumidor
- Serviços de comunicação
- Financeiro
- Industriais
- Grampos de consumo
- Imóveis
- Materiais

- Energia
- Utilidades

Olhando para os dados de 2022, vemos que o setor mais dominante é o da tecnologia da informação, com uma participação de nada menos que 27,1%. A isto se segue o setor da saúde. Desta forma, a pandemia da COVID também teve um impacto positivo sobre o faturamento global das empresas de saúde.

Condições do S&P500
Para garantir que o S&P500 seja representativo da economia dos EUA, há inúmeros pré-requisitos antes que uma empresa possa entrar. Estes são:

A empresa deve estar fisicamente localizada nos Estados Unidos,

- A empresa deve ter uma capitalização de mercado de pelo menos US$ 13,1 bilhões,
- Pelo menos 50% de todas as ações da empresa devem estar disponíveis para o público em geral,
- Preço de pelo menos US$ 1 por ação,
- Pelo menos 50% da receita deve vir do comércio conduzido nos Estados Unidos,
- A empresa deve ter pelo menos 4 trimestres consecutivos de lucro positivo.

Especificamente, isto também significa que as empresas incluídas no S&P500 podem mudar. Uma determinada empresa tem um desempenho ruim e não atende mais aos critérios acima? Então ela é substituída por outra

empresa listada. Desta forma, segue-se sempre as 500
empresas com melhor desempenho na economia
americana.

**As três maiores empresas do S&P500, no início de
2022, eram:**

- Apple Inc. (AAPL)
- Microsoft Corp. (MSFT)
- Amazon.com Inc. (AMZN)

Preço S&P500

Os investidores usam o S&P500 como um guia para a
economia global. Devido a sua ampla diversificação
tanto em empresas quanto em setores, ele pode lhe
dizer mais sobre o estado atual da economia dos
Estados Unidos. Note que na verdade é apenas a
economia dos EUA. Portanto, também pode ser
apropriado acompanhar os mercados estrangeiros com
economias emergentes, como na Índia ou na China.

O gráfico abaixo remonta aos primeiros anos do S&P500
e começa no ano de 1982. Naquela época, o S&P500
estava sendo negociado a US$107. medida que a
economia crescia e diferentes setores entravam neste
fundo de índice, o preço também subia. Portanto, este
gráfico é uma representação visual não apenas para a
economia dos EUA, mas também para a economia
global. Assim, podemos ver imediatamente que no
período por volta de 2008 - 2009 tivemos anos
econômicos difíceis. Não apenas o preço das ações de

várias empresas individuais caiu, mas todo o S&P500 experimentou uma queda acentuada para um preço de ações abaixo de US$ 700.

A pandemia da COVID também afetou diretamente nossa economia global, o que também estamos vendo refletido. E mesmo agora, em tempos de incerteza financeira e inflação crescente, estamos vendo uma desaceleração no crescimento econômico. A Reserva Federal (FED) e o Banco Central Europeu (BCE) estão aumentando as taxas de juros, tornando a poupança atraente novamente. Tais decisões no campo macroeconômico também têm um impacto no crescimento econômico e, portanto, no preço deste S&P500.

Cripto como o 12º setor?
Nos primeiros anos, este rastreador consistia de apenas 3 setores diferentes. Ao longo dos anos, houve mais e mais desenvolvimentos que causaram a expansão e o crescimento da economia. Pense no advento da Internet, na tecnologia cada vez mais complexa e na expansão da digitalização. Portanto, não é surpreendente que as empresas deste setor tenham aumentado consideravelmente em valor nos últimos anos. Isto também vai acontecer com a criptografia?

No mundo da criptografia, há inúmeras especulações, mas vemos que personalidades e empresas cada vez maiores estão ganhando uma voz clara quando se trata da posição da criptografia na economia global. Cathie

Wood, a fundadora da Ark Invest e ícone de Wall Street, disse anteriormente que a Bitcoin (BTC) poderia apenas subir para um valor de um milhão de dólares. Será que isso vai acontecer efetivamente? O tempo dirá!

Mas ninguém menos que o empresário canadense Kevin O'Leary, mais conhecido como o Sr. Wonderful do Shark Tank, também fez outra declaração notável no início de 2022. Não apenas 20% de sua carteira pessoal de investimentos consiste em criptográficos, mas ele acredita firmemente que o criptográfico acabará se tornando o 12º maior setor do S&P500.

Como isso pode parecer? Um cenário potencial é que haverá uma ETF que rastreará os 100 principais projetos por capitalização de mercado, onde você poderá investir neste rastreador. Desta forma, você não compra criptografia fisicamente, mas acompanha a evolução dos preços que estes 100 principais projetos passam. Se isso vai acontecer e, em caso afirmativo, quando, o futuro dirá.

Investindo no S&P500

Você quer investir no S&P500, mas não tem idéia de quais são os riscos? É sempre importante saber que investir sempre vem com certos riscos. Por exemplo, há inúmeras vantagens, mas certamente também desvantagens. Mesmo com este popular S&P500.

Vantagens

A maior vantagem de investir no S&P500 é que ele é um índice muito diversificado. Como o fundo de índice analisa o desempenho de nada menos do que 500 empresas, nota abaixo das empresas com melhor desempenho e negociadas publicamente nos Estados Unidos, você tem menos risco do que se você investisse em ações individualmente. Mas, com menos risco, você também tem menos ganhos potenciais. Mas quando olhamos para os anos passados, ainda vemos um bom retorno!

Outras vantagens são:

- O S&P500 contém apenas as maiores ações dos Estados Unidos.
- Ela não leva em conta a economia européia ou o crescimento econômico na Ásia.
- O S&P500 é um índice bem conhecido e geralmente tem um bom desempenho. Somente em tempos de recessão e incerteza financeira, ele tem um desempenho menor.
- É necessário um menor conhecimento dos mercados financeiros,
- Você pode investir no S&P500 em todo o mundo.

O S&P500 deve sua popularidade ao fato de que os investidores podem investir com conhecimento bastante limitado. Quando se quer investir em determinadas ações, há muita pesquisa a ser feita: pense em consultar números trimestrais, planos futuros, que parcerias eles têm, quão saudável é uma empresa, etc. As empresas que estão no S&P500 já atendem a estas condições. Desta forma, a barreira à entrada é menor para muitos investidores. Nota: isto não é consultoria financeira e tenha em mente que investir sempre vem com um risco.

Desvantagens
Nem tudo é sol e rosas, investir no S&P500 também tem uma série de desvantagens.

Quando você investe em um índice de ações ou ETF e rastreia diferentes empresas, você obtém um lucro médio destas empresas. Se você decidir investir em ações de uma empresa em particular, que em uma determinada empresa tem um desempenho superior ao do mercado, seus lucros também serão significativamente maiores. Mas é claro, isto também vem com um certo perfil de risco.

Outras desvantagens são:

Apenas as ações dos EUA, sem diversificação global, Levar em conta os custos de câmbio.
Você não está apenas especulando sobre o valor de uma determinada ação, ou ETF, este investimento também é feito em uma moeda diferente. Assim como as ações, o preço do dólar ou do euro também flutua. Ele pode ficar mais forte, ou mais fraco. Especulando sobre estas mudanças, também conhecemos melhor como negociação forex.

Custos comerciais

Também levar sempre em conta certos custos comerciais. Estes são um indicador importante para determinar por si mesmo quando você tem lucro suficiente para vender. Por exemplo: você quer fazer um investimento de 1.000 euros em um determinado estoque, e para isso você terá que pagar um custo comercial de 5%. Isto significa que seu investimento deve ter um aumento de pelo menos 5% para se igualar novamente. Somente após este aumento, você começa a ter lucros. Isto é importante ter em mente porque pode influenciar suas táticas de investimento. Você planeja manter estas ações por anos? Provavelmente não é um problema. Mas você quer tentar obter um lucro rápido com isto? Talvez menos viável.

Plataformas

Felizmente, há inúmeras maneiras de investir no S&P500. Através de várias aplicações, você pode investir em seu fundo favorito em poucos segundos. Veja abaixo uma lista das aplicações mais conhecidas onde você pode investir.

DeGiro

DeGiro é um corretor holandês ativo em mais de 18 países da Europa. Através deste aplicativo você não só investe em ações, mas também pode investir em títulos, opções e até mesmo em commodities. Não deixe de conferir suas taxas para ver qual é a opção mais barata para você.

Luchs

Investir em inúmeros produtos no Lynx. Pense em opções, ações e ETFs. O lince tem nada menos que 150 bolsas em todo o mundo nas quais você pode investir. Há várias opções, mas ao escolher o corretor certo, você pode potencialmente economizar muito dinheiro!

O investimento pode ser feito de inúmeras maneiras. Você pode ser muito ativo nos mercados financeiros e verificar os preços a cada minuto do dia e calcular seus riscos, ou você pode escolher um investimento mais passivo, como um índice de ações ou um ETF. Ao investir em um ETF, as escolhas também são muitas. Numerosas opções. Ainda assim, o S&P500 é o mais popular porque não é apenas uma cesta de empresas diferentes, mas também de setores diferentes. Desta forma, você compensa a perda potencial de um setor em particular, pelo crescimento do outro setor.

Apesar de que um investimento no S&P500 requer menos conhecimento e é uma forma mais passiva de investimento, é certamente aconselhável fazer sempre sua própria pesquisa. Assim, você sabe no que está investindo e quais são os cenários possíveis!

O que é um ETF (Exchange Traded Fund)?

Você está familiarizado com investimentos? Então você provavelmente já se deparou com o termo "ETF". É um termo que você encontrará principalmente quando estiver ativo na negociação de ações. ETF significa Exchange Traded Fund, e em resumo, é uma cesta de ações. O que muitas pessoas não sabem é que também existem ETFs especiais para criptografia. Como isto ainda é bastante novo, a maioria dos investidores ainda não está ciente disso.

Neste capítulo, explicaremos a você de onde vem uma ETF, e quais ETFs existem para as moedas criptográficas. Naturalmente, também lhe diremos quais são as vantagens e desvantagens das ETFs em comparação com a negociação de moedas criptográficas individuais.

O que é um Exchange Traded Fund (ETF)?
As ETFs mais conhecidas são as do mercado de ações. Portanto, vamos começar também por aí. Neste capítulo vamos falar mais sobre ETFs no mundo criptográfico. Simplificando, as ETFs são fundos que imitam um índice da bolsa de valores. As principais ETFs são :
- DAX - Índice do mercado de ações da Alemanha.
- EURO STOXX 50 - Índice do mercado de ações da Europa.
- CAC 40 - Índice da bolsa de valores da França.
- AEX - Índice do mercado de ações para a Holanda.

- S&P 500 - Índice do mercado de ações para os Estados Unidos.
- MSCI WORLD - Índice global do mercado acionário.

Os ETFs são fundos de índice listados em uma base contínua e negociados em uma bolsa da mesma forma que uma ação. Independentemente do tipo de gestão utilizada, todos eles têm o mesmo objetivo: representar o desempenho de um índice ou ativo.

Por exemplo, algumas ETFs irão imitar o desempenho de um índice do mercado de ações (NASDAQ, S&P 500, AEX, etc.), enquanto outras se concentrarão em um ativo em particular (commodities, tecnologia, etc.). No último caso, isso significa que você tem um ETF para o ouro. Este ETF imita o valor do ouro. Portanto, se você espera que o preço do ouro aumente substancialmente nos próximos anos, você pode investir em um ETF que represente este valor.

Como funciona uma ETF?

Os ETFs são fundos que replicam índices ou mercadorias: como tal, são considerados fundos passivos. Ao contrário da negociação ativa de ações e títulos que podem ser comprados no mercado de ações, esta gestão passiva permite que você se assegure de um determinado título. Se você investir em todo o AEX, há uma chance estatisticamente menor de que todo o índice caia de repente do que se você investir nas ações de uma única empresa.

Para muitas pessoas, faz muito sentido começar com uma ETF, porque ela cria mais diversificação, o que garante que a chance de perda seja reduzida. Investidores experientes são menos propensos a optar por investir em uma ETF porque têm conhecimento suficiente na pesquisa de ações.

O valor do que uma ETF representa pode ser medido das seguintes maneiras:

Física (ou direta): a técnica mais comum onde todas as empresas que compõem o índice estão presentes na ETF. Assim, o valor da empresa é retirado diretamente do valor do estoque individual.
Físico parcial: a ETF seleciona uma amostra representativa das diferentes empresas que compõem o índice, especialmente quando há um grande número delas.
Indireta (ou sintética): esta é uma ETF que procura por ações não indexadas e rastreia seu desempenho. Por exemplo, considere as commodities. Ele analisa o desempenho de uma mercadoria, e então o valor da ETF é baseado nisso.

ETFs para o mercado de criptográficos.
Os mercados de ações e criptográficos são dois mundos diferentes que você não pode comparar. Afinal, as ações são baseadas no desempenho de uma empresa, e quando você possui uma ação, você também possui uma peça real dessa empresa. As moedas criptográficas são basicamente peças de código que você pode

possuir. No entanto, quando você é dono delas, você não possui um pedaço do projeto por trás da moeda.

As ETFs aproximaram muito mais estes dois mundos. É possível comprar uma ETF Bitcoin, que é totalmente regulamentada para o mercado europeu e pode ser encontrada na bolsa de Gibraltar. Esta ETF é chamada The Bitcoin Fund com bilhete QBTC.U, e o número ISIN CA09175G1046. Até agora, esta é a única ETF Bitcoin à venda em um mercado de ações europeu. Infelizmente, ainda não é possível comprar ETFs criptográficas nos Estados Unidos. Isto porque a SEC indicou que não será possível adicionar ETFs criptográficos ao mercado de ações.

Entretanto, isto, é claro, não diz nada sobre o futuro. Porque quando Bitcoin e altcoins se tornarem mais comuns, e assim crescerem em popularidade, ainda há uma chance de que as ETFs fiquem disponíveis no mercado de ações dos EUA. Portanto, até que isso aconteça, você ainda terá que comprar a ETF Bitcoin no mercado de ações europeu.

A maior vantagem de investir na ETF Bitcoin em vez de investir diretamente nela é que você não precisa se registrar com uma troca criptográfica. Além disso, o mercado está sob supervisão rigorosa, para que os investidores possam se sentir mais seguros ao comprar um ETF Bitcoin.

Por que uma ETF Bitcoin?

Por que é realmente necessário ter uma ETF Bitcoin? Afinal de contas, você pode simplesmente comprar uma Bitcoin em uma troca criptográfica e então realmente possuir uma Bitcoin. Você tem uma ETF? Então você não é dono da Bitcoin.

O Bitcoin ETF é especialmente útil para atrair investidores que não querem entrar no mercado criptográfico. Se eles estão ativos no mercado de ações, ainda podem ganhar dinheiro através de um aumento no valor da Bitcoin. A ETF é totalmente regulamentada pelas autoridades, portanto, você também paga impostos sobre os lucros obtidos com a ETF Bitcoin.

Assim, através desta ETF, é incrivelmente fácil para muitos investidores ganhar dinheiro com Bitcoin, sem ter que se registrar em uma troca criptográfica. Por ser também regulamentado e supervisionado, muitos investidores também se sentem muito mais seguros. De fato, entre algumas pessoas, ainda há medo em torno do mercado criptográfico, já que governos e bancos alertam sobre os grandes riscos que a negociação criptográfica teria.

Como eu compro o Bitcoin ETF?
Se você quiser comprar o Bitcoin ETF, você pode fazê-lo na DeGiro. Trata-se de um corretor de ações, títulos e ETFs (semelhante a uma bolsa de valores criptografia). A DeGiro vende a ETF Bitcoin disponível na bolsa de Gibraltar.

Haverá também ETFs para outras moedas criptográficas?

As ETFs são uma solução ideal para evitar a compra direta de moedas criptográficas e fichas. Mas já é possível comprar ETFs para outras moedas criptográficas (altcoins)? No momento, existem apenas ETFs para Bitcoin. Ainda não está claro se haverá ETFs para outras moedas criptográficas.

Isto porque não é fácil disponibilizar uma ETF na bolsa de valores. Isto porque o mercado de ações está sob a supervisão estrita dos reguladores. Eles terão que aprovar a ETF antes que ela realmente esteja disponível para o público em geral.

Entretanto, há várias empresas que demonstraram interesse em disponibilizar ETFs para altcoins. Portanto, há uma boa chance de que no futuro também seja possível comprar ETFs de outras moedas criptográficas.

Você gostaria de ganhar dinheiro com o aumento do valor da Bitcoin, mas não sente vontade de realmente comprar Bitcoin em uma troca criptográfica? Então você pode optar por comprar uma ETF Bitcoin. Uma ETF é uma cesta que pode representar o valor de um grupo de empresas ou commodities. Por exemplo, uma ETF pode representar o valor total do AEX ou ouro.

71

Hoje em dia, também é possível comprar uma ETF Bitcoin. Esta é uma ETF que representa o valor da Bitcoin, e pode ser comprada na bolsa de valores de Gibraltar. Para fazer isso, é necessário ter uma conta com um corretor como DeGiro. Depois que sua conta for aprovada, você poderá comprar e vender a ETF.

Bitcoin é atualmente a única moeda criptográfica com sua própria ETF. Ainda não há altcoins com um ETF, embora haja planos para um. Como é difícil adicionar um ETF ao mercado de ações, pode levar muito tempo até que mais moedas criptográficas estejam disponíveis como ETFs. Isto é devido à supervisão rigorosa do mercado de ações. Nos Estados Unidos, por exemplo, ainda não é possível comprar a ETF Bitcoin no mercado de ações nacional. Isto ocorre porque a SEC ainda não permitiu isto.

As 10 opções de investimento mais importantes

Quando você começa a investir dinheiro, é claro que você quer ganhar dinheiro. O objetivo de investir é obter um resultado positivo sobre o dinheiro que você investe. Há diferentes produtos nos quais você pode investir. Cada produto tem suas próprias vantagens e desvantagens.

Com freqüência, vemos uma semelhança entre os diferentes produtos de investimento. Quanto maior for o risco, maior será o retorno a ser alcançado. Você corre um pequeno risco? Então, o lucro também é muitas vezes menor.

Neste capítulo vou falar sobre os diferentes produtos de investimento em que você pode investir, e explicarei as principais características destes produtos.

1. Ações

As ações são provas de propriedade de uma empresa. Se você compra uma ação, você é o co-proprietário da empresa. Isto não significa, no entanto, que você sempre tem uma palavra a dizer nas escolhas que devem ser feitas. Para isso, você deve possuir um grande número de ações (e então você é um "acionista majoritário").

O valor de uma ação pode subir e descer, dependendo dos resultados da empresa e do mercado. Quando uma

73

empresa está indo bem e há mais demanda por ações, o valor das ações pode subir. Assim, você pode ganhar dinheiro negociando ações. É claro, você também pode perder dinheiro, quando o valor das ações cai abaixo do preço de compra.

Em alguns casos, você pode ganhar um retorno dos estoques. Estes são os dividendos. Isto é uma distribuição de lucros aos acionistas. Quanto mais ações você tiver, mais você recebe.

Características do investimento em ações
Palavras de ações usadas principalmente como investimento a longo prazo;
Muitas vezes os investidores correm um risco menor devido à regulamentação rigorosa;
O preço da ação flutua menos do que a moeda criptográfica, de modo que você geralmente pode ganhar um retorno menor;
Ideal em tempos de crescimento econômico e taxas de juros baixas, já que as empresas investem muito e podem, portanto, alcançar melhores resultados.
Você quer investir em ações? Então você poderia usar um corretor de ações, como o eTorro.

2. Obrigações
Muitas vezes você encontrará títulos do governo. Estes títulos são títulos de dívida para um país/governo. Um país pode emitir títulos para pedir dinheiro emprestado a outras partes. Há também títulos emitidos por empresas.

O valor de um título pode cair ou subir, o que pode torná-lo atraente para o comércio de títulos. Mas você também pode ganhar um retorno com os títulos. Como em qualquer empréstimo, o emissor do título paga juros ao emprestador (aquele que empresta dinheiro). Assim, quando as taxas de juros são altas, você pode ganhar mais dinheiro com os títulos. Durante as baixas taxas de juros, o retorno dos títulos é muito mais baixo.

Características do investimento em títulos
As obrigações geralmente têm um prazo de 10 anos ou mais.
O governo ou empresa paga juros sobre a dívida.
O investimento em títulos é particularmente atraente em épocas de altas taxas de juros.
Um investimento relativamente seguro, dependendo do emissor.

3. Fundos Mútuos
Um fundo mútuo é uma cesta de ações ou títulos. Quais ações/obrigações são adicionadas a esta cesta (e vendidas novamente) é determinada pelo gestor do fundo. Este é alguém que tem muito conhecimento e experiência com investimentos. Portanto, pode ser interessante investir em um fundo quando você não tem conhecimento, experiência e/ou tempo para investir seu próprio dinheiro.

Antes de utilizar um fundo mútuo, pode ser sábio fazer algumas pesquisas sobre os diferentes fundos. Veja, por exemplo, os resultados anteriormente alcançados pelo gestor do fundo, mas também as experiências que outros têm com o fundo.

Características do investimento em fundos de investimento

Um fundo mútuo pode ser ideal quando você não tem tempo ou conhecimento sobre investimento.
Você corre um risco menor de perder dinheiro porque um especialista está investindo seu dinheiro.
É mais fácil distribuir o dinheiro entre várias empresas.

4. ETFs

Os Exchange Traded Funds, ou ETFs, são rastreadores que acompanham o preço de outros produtos. Por exemplo, um ETF pode rastrear o preço do ouro. Ao comprar tal ETF, você especula sobre o preço do ouro, sem ter que comprar ouro físico. Um ETF também pode rastrear uma cesta de estoques. Por exemplo, você tem o S&P 500, que contém as 500 maiores empresas dos Estados Unidos. Ou o AEX, que representa as maiores empresas holandesas.

Características do investimento em ETFs

Ideal para investir em produtos de difícil compra, tais como commodities ou um índice.
Você precisa de pouco conhecimento para investir em um índice ETF.
Fácil de se espalhar por várias empresas.
A ETF de uma mercadoria é atraente durante a alta inflação.

A cesta de empresas da ETF é atraente durante as baixas taxas de juros, pois há um crescimento econômico relativamente maior.
Ideal para estratégia de longo prazo.
Deseja investir em ETFs? Então você pode usar um corretor de ações, como o DeGiro. Aqui você também pode comprar ETFs.

5. Derivativos (opções, futuros, turbos)

Opções, futuros e turbos são três derivativos que normalmente se pode comprar na bolsa de valores. As opções são contratos que lhe dão o direito de comprar ou vender uma ação a um preço fixo. Uma queda ou aumento no preço pode fazer com que as opções se tornem mais valiosas.

Os futuros são um contrato com o qual você especula sobre a mudança no valor de um produto. Você pode ir longo (preço crescente) e curto (preço decrescente). Os turbos são alavancas. Você pode aumentar sua aposta sem realmente ter o capital. Desta forma você pode ganhar muito dinheiro, mas também perder muito dinheiro.

Características do investimento em derivativos
Os produtos derivados são produtos de investimento de risco.
Muito conhecimento e experiência são necessários para investir com sucesso em derivativos.
Os lucros a serem obtidos com os derivados são incrivelmente grandes, assim como as perdas.

Você quer investir em derivativos? Então você pode usar um corretor de ações, como o DeGiro. Aqui você também pode comprar opções, futuros e turbos.

6. Cryptocurrency

As moedas criptográficas são moedas digitais que correm na cadeia de bloqueio. Bitcoin (BTC) é a primeira e maior moeda criptográfica do mundo, seguida pelo Ethereum (ETH). Muitos investidores optam por investir seu dinheiro em criptografia porque aqui se pode realizar grandes retornos. Isto porque o valor da moeda criptográfica é muito volátil, em parte porque o mercado é praticamente desregulamentado.

É importante entender como a criptografia e a cadeia de bloqueio funcionam, antes de investir na criptografia. Muito lucro pode ser obtido, embora muito dinheiro também possa ser perdido. Fazer um curso de criptografia pode ajudar a ganhar conhecimento para se tornar um melhor comerciante de criptografia ou aprender como ganhar uma renda passiva com a criptografia.

Características do investimento em criptográfico

Os investidores enfrentam maior risco devido aos baixos níveis de regulamentação e alta volatilidade. Como investidor, você pode obter grandes retornos. Sem conhecimento, a chance de perder dinheiro é muito alta.

Escolha de muitos projetos criptográficos diferentes.

Você quer investir em moedas criptográficas? Então você pode usar uma troca criptográfica, tal como Bitvavo ou Binance. Aqui você pode comprar um grande número de moedas criptográficas.

7. Commodities

Investir em commodities pode ser lucrativo. Afinal, sempre precisaremos de matérias-primas para fabricar produtos e serviços. Muitos investidores investem seus ativos em tempos de alta inflação, porque os preços das commodities também sobem durante este período.

As possibilidades são infinitas. Por exemplo, você pode investir em madeira, areia, vinho, metais preciosos (como ouro e prata), ferro, chumbo, gás, petróleo, gasolina, etc.

Quando você quer investir em commodities, você pode comprar a commodity fisicamente. Entretanto, é mais fácil investir em uma ETF da mercadoria. Então você não é realmente o proprietário da mercadoria, e apenas especula sobre o preço.

Características do investimento em commodities

As commodities estão ligadas à inflação porque as commodities são a base dos produtos e serviços.
A inflação faz com que os preços das commodities aumentem.
Você não precisa comprar uma mercadoria fisicamente, você também pode simplesmente comprar a ETF.

Você quer investir em commodities? Então você pode usar um corretor como Lynx. Aqui você pode comprar commodities, entre outras coisas. Se você quiser investir em metais preciosos, você pode usar o GoldRepublic.

8. Forex

O comércio Forex é negociado em moedas "fiat". Os preços das moedas "fiat" são voláteis, e é por isso que muitos investidores escolhem investir seu dinheiro neste mercado de investimentos. Muitas vezes, os investidores obtêm seus lucros com margens pequenas e, portanto, freqüentemente usam alavancas.

Investir no mercado forex pode ser lucrativo, embora você também possa perder muito dinheiro aqui. É difícil especular sobre o preço de uma moeda "fiat". É altamente dependente de decisões geo-políticas. Quando um país decide parar a exportação ou importação de um determinado produto, isto pode influenciar o valor da moeda. Portanto, a maioria dos investidores tem muito conhecimento e experiência.

Características de investir em forex

É difícil e leva muito tempo para aprender a negociar forex.
Na maioria das vezes, você recebe um retorno de pequenas mudanças de preço.

A maioria dos investidores forex usa alavancas.

Isto pode ser atraente porque os preços se movimentam muito.
Em ambos os tempos de crescimento econômico e declínio, muito dinheiro pode ser ganho.

O valor de uma moeda depende de eventos geo-políticos.
Você quer investir no mercado forex? Então você pode usar um corretor como o Lynx. Aqui você pode comprar fiat vlautas, entre outras coisas.

9. Imóveis

O setor imobiliário é visto por muitos investidores como uma das melhores oportunidades de investimento possíveis. Não apenas o valor dos imóveis pode aumentar, mas também se pode obter um retorno com o aluguel. Alugar um condomínio poderia facilmente ganhar 1.200 euros por mês. Apesar de uma propriedade de investimento parecer atraente, é difícil comprar um imóvel. Você precisará ter um grande capital.

Em tempos de inflação, uma propriedade de investimento pode ser inteligente. Os preços dos imóveis sobem com a inflação, assim como a renda proveniente do aluguel dos mesmos.

Características de investir em bens imobiliários
Investir no setor imobiliário é menos arriscado.
Você pode ganhar uma renda passiva com os aluguéis.

O valor dos bens imobiliários aumentou acentuadamente nos últimos 50 anos.

Ideal em tempos de alta inflação, à medida que a renda de aluguel e o valor aumentam com ela.

Requer muito dinheiro, portanto não é adequado para todos.

10. Real Estate Investment Trust (REIT).

Um REIT, abreviação de Real Estate Investment Trust, é um produto de investimento que rastreia o valor de uma organização imobiliária. Esta organização tem uma grande quantidade de imóveis sob gestão que alugam. Quando o valor dos imóveis aumenta, o valor do REIT também pode aumentar. Isto porque quando eles ganham muito dinheiro, as chances de obter uma melhor renda operacional são maiores.

Se você gostaria de investir em imóveis, mas não tem dinheiro suficiente para comprar um imóvel, você poderia investir em um REIT. Estes tipos de REITs são geralmente vendidos na forma de ETFs.

Características do investimento em REITs

Você pode tirar proveito do aumento dos preços imobiliários sem precisar de muitos ativos.
Você não ganha renda passiva e é dependente do gerente do REIT.

Popular durante os períodos de inflação porque os preços dos imóveis e a renda de aluguel aumentam durante esses períodos.

Deseja investir em um REIT?
Então você pode usar um corretor de ações, como o DeGiro. Aqui você também pode comprar REITs.

Você já leu quais são os principais produtos de investimento. Ao investir dinheiro, você pode ganhar mais dinheiro sem trabalhar fisicamente para ele. É claro que um investimento também pode se revelar errado. Muitos investidores perdem dinheiro porque não têm conhecimento suficiente. Portanto, é importante fazer uma pesquisa adequada antes de investir seu dinheiro em um desses produtos.

Aumento das taxas de juros?

A economia está em constante mudança. Os períodos de crescimento econômico se alternam com períodos de estagnação ou contração econômica. Este sempre foi o caso, e sempre será o caso. Há vários fatores que determinam se nos encontramos em um período de crescimento econômico ou de contração. Por exemplo, a inflação desempenha um grande papel. Uma grande queda no poder aquisitivo pode resultar em uma recessão. Mas as taxas de juros também desempenham um papel importante em nossa economia.

Entre 2018 e 2021, experimentamos taxas de juros baixas. Foi bastante barato pedir dinheiro emprestado durante esses períodos. Os bancos viram as margens diminuírem e os lucros evaporarem. Os mercados de investimento estavam em expansão e muitas pessoas optaram por investir seu dinheiro em ações ou criptográficas, por exemplo.

A partir de 2022, assistimos a um aumento das taxas de juros. Então se torna mais caro pedir dinheiro emprestado e menos pessoas escolhem investir seu dinheiro em ações ou criptográficas. Ao invés disso, torna-se mais atraente investir dinheiro em títulos ou deixá-lo em uma conta poupança.

Neste capítulo, explicamos a você o que são taxas de juros e por que as taxas de juros estão subindo. Também examinamos mais de perto as conseqüências do aumento das taxas de juros e lhe dizemos se você deve se preocupar com o aumento das taxas de juros.

O que é interesse?

Os juros são a taxa que uma parte recebe por emprestar dinheiro. Os juros são um valor percentual calculado sobre o principal (o montante emprestado). Você está emprestando 100.000 euros a uma taxa de juros de 2%? Isso significaria que você está pagando 200 euros de juros a cada mês pelo empréstimo que contraiu. Além dos juros, você também terá que pagar a dívida. Portanto, é importante levar em conta dois valores diferentes quando você contrai um empréstimo. É um fato bem conhecido na televisão e na rádio, mas é realmente verdade: pedir dinheiro emprestado custa dinheiro.

Podemos pensar em muitas funções por interesse. Por exemplo, os juros garantem que as partes estejam abertas para emprestar seu dinheiro, o que é importante para o crescimento econômico. O dinheiro emprestado pode ser usado para iniciar uma empresa, construir um negócio ou comprar uma casa. Isto significa que o dinheiro continua a entrar e as empresas podem se beneficiar dos gastos que as pessoas e outras empresas fazem.

Os juros desencorajam as pessoas de pagar sua dívida com atraso. Quanto mais tempo você tem uma dívida pendente, mais tempo você tem que pagar juros sobre ela. Em muitos casos, você paga juros todos os meses sobre o negócio que você pediu emprestado. Também é possível pagar os juros trimestral ou anualmente, dependendo dos acordos feitos pelas partes envolvidas.

A inflação faz com que o dinheiro se torne cada vez menos valioso. Os juros compensam a diminuição do valor do dinheiro criado pela inflação. É uma ferramenta que os bancos centrais podem utilizar para que as pessoas aumentem o valor de seu dinheiro. Para isso, eles devem manter seu dinheiro em uma conta poupança ou investir em títulos. Os títulos são empréstimos aos governos. Eles pagam juros aos detentores desses títulos.

Sem juros, os bancos centrais não seriam capazes de influenciar a economia. Portanto, o interesse é incrivelmente importante para a saúde de nossa economia. Os tempos de crescimento econômico devem poder ser retardados, enquanto os bancos centrais também devem ser capazes de estimular o crescimento econômico.

Taxa de juros de crédito (juros de poupança)
Quando você tem dinheiro em uma conta poupança, você recebe juros de crédito. Também chamamos isso de juros de poupança. O dinheiro em uma conta de poupança é emprestado pelos bancos a partes que precisam de dinheiro. Desta forma, os bancos podem ganhar dinheiro sobre o dinheiro dos clientes, que, naturalmente, também lucram com isso.

Juros de débito
Falamos de juros devedores quando você tem que
pagar juros sobre um empréstimo que contraiu. A
forma mais conhecida em que os juros devedores são
cobrados é a hipoteca. Aqui os consumidores tomam
dinheiro emprestado para a compra de um imóvel
residencial, com o imóvel servindo como garantia.

E as taxas de juros negativas?
Em 2021, muitas pessoas tiveram que lidar com taxas
de juros negativas. Isso fez com que algumas pessoas
tivessem que pagar com dinheiro que mantinham em
uma conta poupança. As baixas taxas de juros tornam
as margens dos bancos muito pequenas. Eles não
podem ganhar praticamente nenhum retorno sobre o
dinheiro que emprestam. Esta baixa taxa de juros de
débito é então passada para a taxa de juros de crédito,
resultando em uma taxa de juros negativa.

Na Europa, alguns bancos exigiam que as pessoas
pagassem juros negativos uma vez que tinham mais de
50.000 euros em uma conta poupança. Quando as taxas
de juros aumentam, os economistas esperam que as
taxas de juros negativas também desapareçam. Isto
porque a margem de lucro de emprestar dinheiro se
tornará então maior.

Por que as taxas de juros aumentam?
As taxas de juros geralmente sobem nas mãos dos
bancos centrais. Eles querem influenciar a economia
através do ajuste das taxas de juros. As taxas de juros

são freqüentemente aumentadas quando há inflação alta. Como mencionado anteriormente, as taxas de juros podem ser usadas como uma ferramenta contra a inflação. A inflação faz com que o poder de compra dos consumidores diminua. Taxas de juros altas permitem que as pessoas façam dinheiro com suas economias.

Quando as taxas de juros são altas, torna-se mais atraente colocar dinheiro em uma conta poupança. Em contraste, as baixas taxas de juros tornam atraente gastá-lo ou investi-lo em produtos de investimento, tais como ações, ETFs e moedas criptográficas.

A inflação, em muitos casos, ocorre após um aumento no crescimento econômico. Os bancos gastam mais dinheiro para dar um impulso à economia. As baixas taxas de juros tornam atraente pedir dinheiro emprestado e investir em uma empresa ou casa. Imprimir dinheiro e poder pedir dinheiro emprestado facilmente são fatores na inflação.

Quais são os efeitos do aumento das taxas de juros?
O aumento das taxas de juros torna mais caro e, portanto, mais difícil pedir dinheiro emprestado. Afinal de contas, é preciso pagar taxas mais altas. Ao mesmo tempo, torna-se atraente manter o dinheiro em uma conta poupança, porque você pode ganhar mais retorno aqui.

O empréstimo de dinheiro se torna mais caro

As altas taxas de juros tornam pouco atraente a hipoteca. Isto pode ser melhor compreendido com o seguinte exemplo, onde comparamos taxas de juros baixas e altas.

Um iniciante quer comprar uma casa ao preço de 250.000 euros. Ele gostaria de solicitar um empréstimo de 250.000 euros junto ao banco. Ele pagará este empréstimo mensalmente durante os próximos 30 anos (360 meses). Isto significaria uma parcela de 694,44 euros por mês. No momento em que o empréstimo é concedido, a taxa de juros é de 1%, o que é muito baixo. Assim, os juros anuais (1% de 250.000) são de 2.500 euros, o que o faz pagar 208,33 euros de juros a cada mês. Isto significa que o titular tem que pagar 902,77 euros ao banco todos os meses.

Anos mais tarde, outra iniciante também quer comprar uma casa de 250.000 euros. O starter solicita um empréstimo de 250.000 euros. No entanto, a taxa de juros está atualmente em 6%, o que é muito alto. Esta partida será paga anualmente (6% de 250.000), portanto 15.000 euros de juros a serem pagos, que é de 1.250 euros por mês. Este starter terá que pagar ao banco 1944,44 euros por mês.

Estes dois exemplos deixam clara a conseqüência das altas taxas de juros. É muito caro pedir dinheiro emprestado, uma vez que as taxas de juros são altas. É por isso que vemos o mercado imobiliário esfriar assim que as taxas de juros são aumentadas.

89

Ganhar mais dinheiro com a poupança
As altas taxas de juros nem sempre têm que lhe custar mais dinheiro. Você também pode ganhar mais dinheiro quando as taxas de juros são altas. Isso porque os bancos pagam mais juros sobre a poupança. Assim, pode ser muito atraente economizar dinheiro em um banco. Isto tem um efeito sobre a economia, que pode ser melhor compreendido com um exemplo.

Em tempos de juros baixos, você quase não recebe dinheiro em dinheiro que deposita em um banco. Se a taxa de juros for de 1% e você tiver 50.000 euros em uma conta poupança, você receberá 500 euros em troca anualmente. Isso é muito pouco. Portanto, é mais atraente investir dinheiro em produtos que proporcionam um retorno maior. Em tempos como estes vemos crescimento econômico, em parte porque muitas pessoas investem seu dinheiro em ações, bens imóveis, moedas criptográficas ou outros produtos de investimento.

Se a taxa de juros subir para 6%, você ganharia 3000 euros anualmente mais de 50.000 euros em uma conta bancária. Isso é substancialmente maior do que os 500 euros do exemplo anterior. Para pessoas com grandes ativos, é mais atraente e seguro deixar dinheiro em uma conta poupança do que investi-lo em produtos de investimento de risco. Isto pode fazer com que o valor de vários mercados encolha e resultar em um mercado de ursos criptográficos.

Mais dinheiro para fundos de pensão
O aumento das taxas de juros é bom para os fundos de
pensão. Ao calcular as reservas de pensão, o nível de
juros é muito importante. Ao calcular a reserva de
aposentadoria, os fundos de pensão adquirem uma
visão de quanto dinheiro eles precisam para poder
proporcionar a todos uma pensão no futuro.

Taxas de juros baixas significam que o dinheiro no
fundo de pensão cresce menos rapidamente do que em
períodos em que temos taxas de juros altas. Portanto, a
população tem que pagar contribuições de pensão mais
altas quando as taxas de juros são baixas. Outra
possibilidade é que os fundos de pensão paguem menos
dinheiro aos aposentados. De fato, nos anos anteriores
a 2022, parecia que isso iria acontecer. Em 2022, no
entanto, as taxas de juros subiram, portanto, isto não
seria necessário.

As altas taxas de juros aumentam o dinheiro do fundo
de pensão. Então temos que pagar menos nas
contribuições para a aposentadoria, e os pensionados
não precisam mais se preocupar com eles mesmos.

Os mercados de investimento caem em valor
Em muitos casos, as altas taxas de juros não são uma
coisa boa contra os mercados de investimento, de ações
e de moedas criptográficas, por exemplo. Os
investidores acham mais atraente manter seu dinheiro
em uma conta bancária ou investir em títulos. Isto

porque uma taxa de juros mais alta também garante que você possa ganhar mais dinheiro com investimentos em títulos.

Além disso, uma taxa de juros mais alta significa que os lucros calculados que as empresas podem fazer no futuro são menores, o que significa um valor menor da empresa. Os investidores, portanto, preferem não investir seu dinheiro em ações.

Devo me preocupar com as altas taxas de juros?
É normal que as taxas de juros caiam e subam. Portanto, muitas pessoas não precisam se preocupar com o aumento das taxas de juros. Entretanto, as altas taxas de juros podem ser negativas em algumas situações. Especialmente para pessoas que querem pedir dinheiro emprestado, por exemplo, para comprar uma casa, as altas taxas de juros podem ser irritantes. Taxas de juros altas também podem ser desagradáveis para os investidores, porque o crescimento econômico estagna ou até mesmo declina em tempos de taxas de juros altas.

As altas taxas de juros também podem funcionar bem. Nesse caso, é mais fácil ganhar um retorno sobre a poupança que você deposita em um banco. Você também pode ganhar mais dinheiro com empréstimos.

Os juros são o custo que você paga por emprestar dinheiro, mas também a recompensa que você recebe por depositar dinheiro em um banco. As taxas de juros flutuam continuamente. Uma taxa de juros baixa torna fácil e barato pedir dinheiro emprestado, enquanto uma taxa de juros alta torna o empréstimo de dinheiro muito caro.

Uma taxa de juros crescente tem muitos efeitos sobre a economia. Ela faz com que muitos investidores movimentem seu dinheiro para títulos e contas de poupança, enquanto os compradores de casas gastam muito dinheiro para contrair uma hipoteca.

Investir durante a inflação?

A economia está em constante fluxo. Anos de crescimento econômico alternam com anos de incerteza econômica, seguidos de anos de crescimento econômico. A inflação é um componente importante dentro do crescimento econômico e da contração. Quando a inflação aumenta, o poder de compra diminui e podemos comprar cada vez menos com o mesmo dinheiro.

É claro que você não quer que seu dinheiro, que ganhou muito dinheiro, se torne cada vez menos valioso. No entanto, infelizmente é isso que acontece com muitas pessoas quando permitem que seu dinheiro em uma conta bancária se eleve. Muitas pessoas, portanto, optam por investir seu dinheiro. O valor dos produtos de investimento pode aumentar. Quando este aumento é maior que o aumento da inflação, a riqueza pode ser protegida com sucesso contra o declínio do poder aquisitivo.

Investir em tempos de inflação e incerteza econômica é menos fácil do que em tempos em que temos crescimento econômico. Portanto, neste capítulo vamos explicar como você pode proteger seus ativos contra a inflação, utilizando produtos de investimento.

O que você precisa saber sobre a inflação
O valor de uma moeda fiduciária, como o euro ou o dólar americano, pode flutuar como um criptograma.

Por exemplo, o valor do euro pode cair ou subir em relação ao dólar americano. A flutuação de uma moeda "fiat" é normal, mas pode ter muito mais conseqüências do que a flutuação em um produto de investimento.

Falamos de inflação quando uma moeda vale cada vez menos e podemos comprar menos com a mesma quantidade de dinheiro. Os preços dos produtos e serviços estão subindo, enquanto o valor da moeda fiat está ficando para trás. Portanto, pode-se comprar menos hoje com o mesmo euro do que se podia ontem: o poder de compra diminui.

A inflação é de todos os tempos. A inflação ocorre todos os anos. No caso mais ideal, a inflação é de cerca de 2-3% ao ano, porque isso é um sinal de uma economia saudável. No entanto, a taxa de inflação também pode ser muito mais alta, como foi o caso em 2022. Abaixo você pode ver uma visão geral das taxas de inflação na Holanda entre agosto de 2021 e maio de 2022. Como você pode ver, a taxa de inflação está aumentando significativamente.

Em que você deve investir durante a inflação?
Você deixa seu dinheiro em uma conta bancária? Então, o dinheiro valerá cada vez menos devido à inflação. Muitas pessoas, portanto, optam por investir seu dinheiro. Isto pode garantir que o valor dos ativos aumente, evitando que o poder de compra caia ainda mais.

95

No entanto, investir em tempos de alta inflação é mais difícil do que parece. Quando a inflação aumenta mais rapidamente do que normalmente, muitas pessoas optam por retirar seu dinheiro dos investimentos. Elas preferem ter dinheiro em espécie, caso seja necessário. Isto resulta na queda dos mercados financeiros e, às vezes, em uma crise.

1. Commodities e ações dos produtores de commodities

O preço das commodities está inextricavelmente ligado à inflação. Afinal, a inflação ocorre quando os preços dos produtos e serviços sobem. As commodities estão na base de todos os produtos, e muitas vezes serviços, que você pode comprar. Além disso, você tem muitas opções, porque é possível investir em um grande número de commodities. Pense em vinho, carvalho, eletricidade, grãos, óleo de girassol, gás natural, ferro, metais preciosos, carne, maçãs, etc.

Felizmente, você não precisa comprar fisicamente estas commodities se quiser investir nelas. É possível investir em commodities através de ETFs (Exchanges Traded Funds). Você faz isso na plataforma de um corretor de bolsa, como o DeGiro.

Infelizmente, investir em commodities não é tão fácil quanto parece. O preço de uma mercadoria, que depende da oferta e da demanda, pode ser extremamente volátil. Os conflitos geopolíticos, por exemplo, podem causar uma mudança na oferta e na demanda. Considere, por exemplo, as sanções que os países impõem uns aos outros.

2. Renda de bens imóveis
Naturalmente, o setor imobiliário é considerado um dos produtos de investimento mais fortes. Nas últimas décadas, o valor dos imóveis tem aumentado. Ao mesmo tempo, os imóveis podem ser alugados, permitindo que você ganhe uma renda mensal passiva com os imóveis.

O setor imobiliário vai bem com a inflação. O aumento da inflação provoca o aumento dos preços dos imóveis e, portanto, o aumento dos preços de aluguel. Como locador, você pode ganhar uma renda mais alta quando a inflação aumenta. Isto faz com que uma propriedade de investimento seja uma das melhores ferramentas contra a inflação crescente.

Em 2022, o preço médio da casa na Holanda subiu para cerca de 400.000 euros, o que mostra que um investimento em imóveis não é para todos. Portanto, você precisará ter uma grande quantidade de ativos se quiser obter uma renda com imóveis.

3. Fideicomisso de Investimento Imobiliário (REIT)
Felizmente, também é possível investir em imóveis através do REIT, que você pode comprar como um ETF. A VanEck Vectors Mortgage REIT Income ETF (MORT) é um exemplo de tal ETF, que lhe permite proteger seus ativos contra o aumento da inflação através de bens

imóveis. Este tipo de ETF também pode ser comprado na plataforma de um corretor de renda variável.

REIT significa Real Estate Investment Trust e é o nome das empresas ou organizações que ganham dinheiro com investimentos imobiliários. Estes tipos de empresas possuem grandes quantidades de bens imobiliários, dos quais obtêm renda através do aluguel. Como você já leu, os preços das casas e a renda de aluguéis muitas vezes aumentam com a inflação. Isto significa que a renda de um REIT pode aumentar em tempos de inflação alta.

Ao investir em uma REIT ETF, você pode desfrutar dos benefícios de investir em imóveis. No entanto, os REITs também têm uma série de desvantagens. Por exemplo, o valor de um REIT é muito sensível e vinculado às taxas de juros. O aumento da inflação é freqüentemente seguido pelo aumento das taxas de juros. Taxas de juros mais altas fazem com que as empresas prefiram deixar seu dinheiro em uma conta bancária, em vez de investi-lo em outros produtos de investimento. Além disso, um REIT deve pagar altos impostos prediais, o que pode deprimir os lucros de um REIT.

4. Metais preciosos (ouro, prata e platina)
Metais preciosos como o ouro ou a prata são muito populares durante a turbulência econômica. O ouro, em particular, é visto como uma cobertura contra a inflação, o que não é surpreendente. O ouro tem sido usado como meio de pagamento durante séculos. Há

apenas um suprimento limitado de ouro neste mundo. Uma vez que todo o ouro seja extraído, o fornecimento não crescerá mais. O mesmo se aplica à prata e à platina, das quais há uma oferta maior, a propósito.

No entanto, investir em ouro também tem desvantagens quando estamos lidando com altas taxas de inflação. Isto porque os bancos centrais tendem a aumentar as taxas de juros assim que a inflação aumenta. É claro que é mais atraente investir seu dinheiro em um produto que proporciona um retorno, o que é possível uma vez que as taxas de juros aumentem. Agarrar-se ao ouro é seguro, mas nesse caso menos lucrativo.

Investir em metais preciosos não tem que ser difícil. Você pode rápida e facilmente criar uma conta na GoldRepublic. Aqui você pode investir on-line em ouro físico, prata ou platina. Você pode ter seu lingote enviado para seu endereço residencial, ou armazenado no cofre da GoldRepublic.

5. Segurança Protegida contra a Inflação do Tesouro (TIPS)

A Segurança Pública Protegida contra a Inflação (TIPS) pode ser uma ferramenta perfeita contra a inflação para muitas pessoas. As TIPS são uma espécie de títulos do governo dos EUA, que são indexados à inflação. Desta forma, os investidores em TIPS são protegidos contra a inflação alta.

Se você possui uma DICAS, você pode ter pago duas vezes por ano a uma taxa fixa. O valor das DICAS depende da inflação. A compra e venda de DICs depende, portanto, do tempo. As DICs estão disponíveis em três vencimentos diferentes: 5 anos, 10 anos e 30 anos.

Você pode comprar TIPS como uma ETF em uma plataforma de corretagem. Há várias DICAS disponíveis, por isso pode parecer difícil comprar o produto certo. Você pode pesquisar iShares TIPS Bond ETF (TIP), Schwab US TIPS ETF (SCHP) e FlexShares iBoxx 3-Year Target Duration TIPS Index ETF (TDTT) são as três TIPS mais conhecidas.

Antes de começar com o TIPS, é importante observar o seguinte. Em tempos de deflação ou declínio no Índice de Preços ao Consumidor (CPI), o valor da TIPS pode diminuir. Um aumento no preço pode fazer com que você pague mais em impostos. Os TIPS também são muito sensíveis a uma mudança nas taxas de juros. Determinar o ponto certo de entrada e saída é, portanto, crucial.

6. Estaqueamento criptográfico

Os investimentos criptográficos parecem menos atraentes em tempos de alta inflação do que antes. A experiência passada mostrou que o valor do mercado criptográfico cai quando enfrentamos altas taxas de inflação. Há uma boa chance de que sua riqueza encolha quando você a investe em criptografia em tempos de inflação alta. Portanto, pode ser mais atraente investir dinheiro em um produto que rende. Se você quiser fazer algo com criptografia, a greve criptográfica pode ser uma opção.

A piquetagem é a amarração de moedas criptográficas e fichas, a fim de contribuir para a segurança da rede da cadeia de bloqueio e para a validação das transações. Você mesmo pode criar um nó de validação dentro da rede de prova de compra (PdS), mas também tem a opção de terceirizar a aposta para outro validador.

A terceirização de uma participação é mais fácil do que a criação de um validador. Você pode fazer isso com bastante facilidade dentro da carteira criptográfica nativa de uma cadeia de bloqueio. Ao procurar isso no Google, você descobrirá rapidamente as possibilidades. Há também cada vez mais trocas onde você pode apostar, como Binance, Bitvavo e Coinmerce. Aqui você pode rápida e facilmente contribuir com moedas para a cunhagem de sua carteira criptográfica.

Por contribuir, você receberá recompensas. O valor das recompensas depende do número de fichas que você apostar, assim como o quão ocupada a rede está. Quanto mais transações, mais taxas de transação os usuários pagam.

Um dos maiores e mais conhecidos investidores do mundo, Warren Buffett, já falou muitas vezes sobre investir em tempos de inflação.

101

Em tempos de alta inflação, você naturalmente quer proteger seus ativos contra a queda do poder aquisitivo. Entretanto, investir em períodos de contração econômica não é tão fácil como parece inicialmente. Neste capítulo, informamos quais produtos você pode investir, para proteger seus ativos contra a alta inflação:

- Commodities e ações dos produtores de commodities
- Renda de bens imóveis
- Fundo de Investimento Imobiliário (REIT)
- Metais preciosos (ouro, prata e platina)
- Segurança Protegida contra a Inflação do Tesouro (TIPS).
- Ataque criptográfico

É claro, estes são apenas exemplos. Muitos investidores escolhem estes produtos de investimento, embora isso não signifique que estes sejam também produtos adequados para você. Portanto, faça sempre sua própria pesquisa sobre estes produtos e determine qual é a escolha mais inteligente para você. Você pode fazer isto realizando uma análise fundamental ou técnica, por exemplo.

Investimentos em moedas criptográficas

Se você está interessado em criptografia, mas ainda não está interessado, você veio ao lugar certo. Neste capítulo, eu lhe direi como descobrir mais sobre projetos criptográficos e moedas criptográficas interessantes, como fazer sua própria pesquisa e lhe darei algumas dicas.

O que são moedas criptográficas?
Enquanto no passado colocávamos principalmente economias no banco, em uma meia velha ou em títulos, hoje existem mais maneiras de aumentar o valor do seu dinheiro. Uma dessas maneiras é investir em moedas criptográficas.

A definição oficial pode ser encontrada aqui e ali na Internet e lê-se como segue:

Moedas digitais nas quais as transações são verificadas e os dados são mantidos por um sistema descentralizado usando criptografia, em vez de por uma autoridade centralizada.

 Moedas digitais nas quais as transações são verificadas e os dados mantidos por um sistema descentralizado que utiliza criptografia, em vez de uma autoridade centralizada.
Esta é uma frase e as chances são bastante boas, que isto ainda não lhe dá uma imagem de seu investimento

103

potencial. Afinal de contas, o que são exatamente moedas criptográficas?

É claro que temos o dinheiro em espécie, como o conhecemos, mas, além disso, existe uma forma digital de moedas. Elas não são moedas ou notas tangíveis, mas uma combinação de números e números, que você pode negociar. A moeda mais famosa é realmente Bitcoin (BTC) e um bom segundo lugar que reservamos para o Ethereum (ETH).

Como funciona a tecnologia por trás do criptograma? A criptografia é digital, portanto não deve ser surpresa que envolva um bom conjunto de computadores. Estas maravilhosas moedas digitais têm origem em uma grande rede de computadores. Estas máquinas realizam coletivamente todos os tipos de cálculos complexos, chamamos isto de criptografia.

Ao contrário de nosso fiat money, estas moedas não podem se quebrar e são muito difíceis de defraudar. Elas são armazenadas com segurança em uma rede e somente o proprietário atual tem acesso às suas moedas criptográficas. Como o proprietário tem acesso à moeda com uma senha, ele pode usá-la para pagar por coisas, transferi-las para outros, etc. Você não pode partir uma moeda de euro em pedaços, mas pode partir uma Bitcoin em até 8 casas decimais. Tudo isso funciona com base na tecnologia de cadeia de bloqueio.

Vantagens da moeda criptográfica

Antes de chegarmos ao coração desta história, deixe-me compartilhar com vocês os benefícios do criptograma:

A velocidade de transação varia de acordo com a cadeia de bloqueio, mas geralmente um pagamento criptográfico é concluído em segundos.
As transferências internacionais de dinheiro podem ser bastante caras, mas um pagamento em criptograma é muitas vezes mais barato.
Se você observar todas as precauções, então é uma forma enormemente segura de pagar, economizar e se aposentar.
Graças à tecnologia de correntes de bloqueio, é um sistema transparente.

Diversificar seu portfólio é muito fácil. Se suas ações subirem, seu criptograma vai para baixo e vice-versa. Qualquer pessoa pode negociar em moedas criptográficas.

As principais moedas criptográficas de 2022
Daqui a pouco, vou lhe mostrar como determinar quais moedas digitais você deve ou não comprar, ou melhor, como descobrir isso. Não estou em condições de dar conselhos financeiros e não tive a intenção de fazê-lo. Nunca aceite o conselho de outra pessoa apenas pelo valor nominal, sempre faça sua própria pesquisa! O que pode ser perfeito para outra pessoa pode ser dramático para você. Tenha cuidado, pois tem riscos! Vamos

começar com as melhores moedas de 2022 (até agora, ou seja, até junho de 2022), a partir da minha opinião e do que encontro em média na minha rede:

- Bitcoin (BTC)
- Ethereum (ETH)
- Moeda de Binância (BNB)
- Polka Dot (DOT)
- Ondulação (XRP)
- Solana (SOL)
- Decentraland (MANA)

Como você determina sua estratégia criptográfica?
Para começar, nenhuma estratégia é a mesma. Primeiro determine por si mesmo o que você quer alcançar com seus investimentos. Você quer manter suas moedas por pouco tempo, porque quer revender imediatamente para obter um bom lucro ou está investindo em seu futuro? A maioria dos investidores que eu conheço, eles vão todos em busca de diversificação. Isto significa que eles constroem uma carteira extensa e diversificada, na qual diferentes ativos tomam seu lugar. Pense em moedas criptocópicas, ações, ETFs, ouro, etc.

3 estratégias criptográficas
Sua abordagem pode obviamente ser única e você pode moldá-la como quiser. Entretanto, há três linhas principais de pensamento no mundo da cadeia de bloqueio e do criptograma, a saber

Você provavelmente já ouviu falar do HODL, que é em si um mash-up da palavra holden: segurar, ou seja, segurar.

Investindo mais em altcoins, você ainda pode fazer alguns bons hits. Investir os lucros destes investimentos em moedas estáveis, como Bitcoin (BTC) e Ethereum (ETH), também é uma maneira de aumentar sua riqueza.

O comércio ativo de moedas criptográficas também é outra maneira de simplesmente construir riqueza. Você pode fazer isso de várias maneiras, investindo regularmente em moedas e comprando e vendendo ativamente, com base nos preços, é claro.

Este é um trabalho demorado, mas também olhar para índices, como o Bitpanda. Pode ser muito interessante, especialmente como um iniciante!

Deseja saber quais são os elementos cruciais de uma estratégia comercial, de acordo com nossos especialistas?

Elemento #1: Regras comerciais
Elemento #2: Gerenciamento de risco
Elemento #3: Prazos
Elemento #4: Análise Técnica (AT)
Elemento #5: Teste de fundo
Elemento #6: Reinventando a si mesmo

Pontos a serem considerados ao comprar moedas criptográficas, há vários fundamentos de moedas criptográficas, que você deve levar em conta. Chamamos também esta análise fundamental. Estes são os fatores que você deve levar em conta:

Fatores internos

- Quantas moedas estão em circulação?
- Qual é o preço da moeda?
- Como é a capitalização do mercado?
- Qual é a taxa de haxixe?
- Fatores externos

Dito isto, você também tem os fatores externos, os quais você pode avaliar observando os seguintes pontos:

- Quem são os concorrentes?
- Qual é o pano de fundo?
- Existe um roteiro?
- Qual é a situação da tokenomics?

Se não há nomes conhecidos de cadeias de bloqueio e criptons envolvidos na equipe, então eu mergulharia mais para ver se vale a pena. Mas a experiência e uma rede é, muitas vezes, um ponto de partida extra!

Que criptograma devo comprar neste momento?
Agora falamos sobre todos os tipos de questões acessórias, tais como análise fundamental e técnica e os

melhores desempenhos deste ano. Mas como você sabe qual criptograma você deve comprar agora, além da análise? Bem, isso é e continua sendo um risco. Eu mesmo compro moedas com grande regularidade e às vezes opto por lentas e estáveis, mas também gosto de um jogo de azar. Às vezes eu consigo negociar muito rápido, enquanto minha irmã teve uma grande perda no mesmo dia com a mesma moeda. É e sempre será emocionante, neste mundo volátil.

Certifique-se de que seus objetivos sejam claros, que você saiba no que está se metendo e que não coloque dinheiro que não pode perder.

O que fazer no mercado atual de ursos?
Talvez não seja necessário mencionar, mas se você considerar entrar agora, você tem que lidar com um mercado de ursos. Os preços estão caindo e o sentimento de mercado é bastante negativo, portanto, há pouca confiança. Isto vai se recuperar, mas tenha isto em mente por um tempo. O atual mercado de ursos é causado pela guerra entre a Rússia e a Ucrânia, a pandemia e as altas taxas de inflação. Estas são algumas dicas:

- Olhe objetivamente (portanto não deixe que suas emoções o guiem) para as moedas que você quer guardar ou fechar.
- Manuseie seus bens com sabedoria e faça um pouco de gerenciamento de risco.

- Mantenha o capital em sua conta bancária e espere pacientemente.
- Mantenha-se atualizado e não seja um estranho, pois a situação pode mudar a qualquer momento.
- Certifique-se de que seus bens estão sempre em uma carteira de hardware, como o Ledger X, para que você possa sempre acessar seus próprios bens.
- Analisar outras opções de investimento, tais como ouro e prata.

Como você lê, não há uma estratégia única para compras criptográficas e certamente não é um tamanho único. Você precisa fazer muitas pesquisas, e se você procura ajuda ou usa certas informações, como estes blogs, ainda é uma questão de fazer seu próprio plano. Ser financeiramente independente começa aqui.

Se você é mais velho ou já tem uma certa quantidade de riqueza, então talvez seja melhor ficar com Bitcoin e Ether. Se você é mais jovem, então você ainda tem uma vida inteira pela frente e também é mais flexível, então você pode gostar de arriscar. Nota: Mais uma vez, isto é colocado de forma generalista, todos têm uma situação única. Esteja bem ciente disso!

Atualmente estamos em uma situação não tão favorável para começar, ou talvez seja, exatamente o que você deseja. Este mercado de ursos terminará definitivamente em breve, portanto, mantenha-se atento à situação do mercado.

111

Como você protege seu investimento em um mercado de ursos?

Um mercado de ursos é um período em que o sentimento de mercado criptográfico é negativo e os preços das moedas criptográficas caem. Como comerciante de criptografia, é difícil proteger o capital durante um mercado de ursos desse tipo. É claro que há algumas moedas criptográficas que aumentam de valor, embora na maioria dos casos isso aconteça em pequena escala. É provável que você queira principalmente proteger seu próprio capital contra todas as quedas de valor.

Neste capítulo, discutiremos algumas maneiras que os comerciantes criptográficos bem sucedidos usam para proteger seus bens durante um mercado de ursos. Talvez você queira considerar estes métodos ao pesquisar uma estratégia a ser seguida durante o mercado de ursos.

Como surgem os mercados?
Os mercados de rolamentos podem vir a existir de diferentes maneiras. Portanto, existem também diferentes tipos de mercados de ursos. Em alguns casos, um mercado de ursos durará apenas alguns meses, enquanto em outros casos pode durar vários anos. Portanto, é difícil determinar exatamente como surge um mercado de ursos.

O mercado de ursos de 2018

Muito provavelmente, o mercado de ursos de 2018 ocorreu quando um grande número de investidores não tinha mais confiança em moedas criptográficas como o Bitcoin (BTC). Nos anos anteriores, a criptocracia estava ganhando proeminência. Onde quer que você estivesse, no cabeleireiro ou no padeiro, parecia que todos tinham investido seu dinheiro em criptografia.

Na mídia, mas também pelos políticos, falava-se principalmente de uma "bolha prestes a estourar". Os políticos aconselharam as pessoas a não investir em criptografia, pois seria muito arriscado e perigoso. Como uma grande proporção dos proprietários de criptogramas tinha pouca ou nenhuma experiência com cripto, eles eram facilmente influenciados pela mídia. Será que eles ouvem que todos estão comprando cripto? Então eles ouvem. Eles ouvem que todo mundo está vendendo criptográfico? Então, eles também ouvem. Também chamamos este fenômeno de FOMO (Fear Of Missing Out).

Quando a Bitcoin quase atingiu o valor de 20.000 USD, uma grande parte dos proprietários do BTC decidiu vender suas moedas. A confiança no mercado desapareceu, e os preços de outras moedas criptográficas também caíram acentuadamente. Entramos num mercado de ursos, que acabou durando cerca de um ano e meio a dois anos e meio.

O mercado de ursos de 2022

O mercado de ursos de 2022 ainda não terminou no momento em que foi escrito. Entretanto, este mercado de ursos tem uma série de causas diferentes do que o de 2018. Durante a crise da coroa, os bancos centrais imprimiram muito dinheiro. Em 2022, isto, combinado com a guerra entre a Rússia e a Ucrânia, causou altas taxas de inflação. O dinheiro passou a valer menos, permitindo-nos comprar cada vez menos com a mesma quantidade de dinheiro. Aconteceu um período de incerteza.

Em tempos de incerteza, as pessoas preferem ter seus ativos em moeda fiduciária. Investir cabe mais em períodos de otimismo econômico; as pessoas têm confiança no futuro e se atrevem a fazer o "jogo" de investir seu dinheiro. Isto então contribui para o crescimento econômico.

Como proteger meu capital em um mercado de ursos criptográficos?
Quando você vê o valor de sua carteira cair, o pânico pode instalar-se. E se o valor não voltar a subir? E se meus bens caírem ainda mais? E se eu me meter em apuros e precisar do dinheiro?

É importante não entrar em pânico e abordar as escolhas de forma racional. Pense cuidadosamente nas decisões que você precisa tomar durante um mercado de ursos. Não importa quão pequena possa parecer uma escolha, durante um mercado de ursos ela pode ter um grande impacto. Tente desligar seus sentimentos e pense de forma lógica.

A seguir, eu lhes digo como outros investidores protegem seu capital durante um mercado de ursos. Isto inclui tanto o capital mantido em uma conta bancária quanto o capital investido em produtos financeiros.

1. Decida quais posições você quer manter ou fechar
Se tudo correr bem, você sabe quais posições você tem no momento. Se não, você pode fazer uma visão geral de todas as suas posições. Desta forma, você pode determinar quais posições você quer manter durante um mercado de ursos e quais posições é melhor fechar.

Os investidores bem sucedidos olham para a expectativa futura de uma posição. Por exemplo, um cargo de longo prazo pode ser ocupado. Suponha que você possua Bitcoin, e acredite que seu valor excederá seu preço de compra em 10 anos, você pode decidir manter a posição.

Mas talvez você espere que o Bitcoin caia ainda mais em valor. Talvez seja interessante vender a Bitcoin e depois comprá-la novamente quando seu valor tiver caído ainda mais. Desta forma, você protege seu capital de cair mais e compra mais Bitcoin pela mesma quantia de dinheiro.

Naturalmente, é importante fazer essas escolhas com base na pesquisa. Você pode usar análise fundamental ou técnica, por exemplo.

2. Não tenha medo de fechar posições

Apenas um acréscimo ao que mencionamos acima. Você ouve com freqüência os proprietários de criptogramas falarem sobre "HODL". Em vários casos, esta é uma tática que funciona bem para um grande número de comerciantes de criptografia. No entanto, também pode ser importante fechar posições.

Durante um mercado de ursos, vemos os preços de todas as moedas criptográficas caírem. Ninguém sabe a que nível de preços a queda continuará. Em anos anteriores, Bitcoin foi a primeira moeda criptográfica a subir de valor, seguida pelas altcoins.

Muitos comerciantes criptográficos bem sucedidos estão fechando posições de altcoins que são vistas como arriscadas e de alto risco. Estas são, em sua maioria, moedas de baixo valor: moedas que têm uma baixa capitalização de mercado. Após um mercado de ursos, as moedas de baixa capitalização são, olhando para a história, as últimas moedas a aumentar de valor.

Para muitos comerciantes, não faz sentido, portanto, manter posições de baixa capitalização. Eles preferem mover o capital desses tipos de posições para moedas grandes como Bitcoin, e depois esperar que o mercado volte a pegar. Esta é a época em que, caso ainda acreditem nessas moedas, investirão novamente nesses tipos de moedas de baixo valor.

Encerrar ou ocupar cargos faz, naturalmente, parte da gestão de risco.

3. Transferir capital para produtos de investimento comprovados

Em muitos casos, a história se repete. Isto também se aplica ao mercado econômico. Os períodos de crescimento econômico se alternam com períodos de contração econômica. Quando olhamos para o passado, vemos uma série de produtos de investimento que se dão bem durante os mercados de ursos.

A maioria das pessoas confia em metais preciosos como ouro e prata quando os tempos são economicamente incertos. Olhando para o preço histórico do ouro, vemos que ele só aumentou em valor a longo prazo. Um grande número de investidores está, portanto, movendo seus ativos para metais preciosos.

Naturalmente, o retorno que se pode obter com metais preciosos é menor do que o possível com moedas criptográficas. Entretanto, isto também não se trata de gerar retornos. Durante um mercado de ursos, os comerciantes criptográficos querem proteger seu capital contra a queda dos preços. Os metais preciosos são uma ótima maneira para muitos comerciantes de fazer isso.

117

4. Armazenar capital em uma conta bancária e ser paciente

Isto pode soar como uma ponta boba. No entanto, há algo a ser dito em relação a isto. Quando estamos em um mercado de ursos criptográficos, mas outros mercados também sofrem com a queda dos preços, é difícil decidir no que é melhor investir. Em tempos de incerteza econômica, os preços das ações, índices, fundos, imóveis, moedas criptográficas, metais preciosos, ETFs, etc., podem cair. Encontrar o produto de investimento certo pode ser visto como uma tarefa impossível.

Os especialistas em criptografia e investimentos optam, portanto, por ser pacientes em muitos casos. Eles mantêm seu capital em uma conta bancária, fazem pesquisas sobre novas moedas criptográficas e esperam até receberem sinais de que o mercado de ursos parece estar caminhando para seu fim.

Quando um mercado de ursos atinge seu fundo, as moedas criptográficas podem ser compradas pelo preço mais baixo. Naturalmente, isto também se aplica a outros produtos de investimento. Assim que você compra um produto pelo menor preço possível, você pode obter o maior retorno possível sobre o investimento.

Claro: quando você mantém seu dinheiro em uma conta bancária, ele se torna menos valioso devido à inflação. Entretanto, quando você investe capital durante um mercado de urso, o valor do capital pode cair muito mais rapidamente do que em uma conta bancária. Ao esperar tranquilamente que o fundo seja alcançado, você pode maximizar seu retorno e recuperar a queda no valor - induzida pela inflação - duas vezes mais. É claro que isto difere por moeda e por mercado de ursos. É por isso que você deve sempre fazer sua própria pesquisa sobre sua situação.

5. Continuar pesquisando oportunidades e possibilidades

Durante um mercado de ursos, é claro, você quer proteger seu capital o máximo possível. Mas depois de um mercado de ursos, você quer ganhar o maior retorno possível. Não fique parado durante um mercado de ursos, mas continue pesquisando diferentes projetos de criptografia que podem se tornar valiosos após o mercado de ursos. Não se diz por nada que "os futuros milionários" nascem durante o mercado de ursos.

Muitos comerciantes criptográficos não investem seu dinheiro durante um mercado de ursos. Resta mais tempo para fazer pesquisas. Talvez seja prudente não desesperar, mas concentrar-se no que vem depois do mercado de ursos. Você já fez sua pesquisa? Então você pode atacar assim que você espera que o mercado de ursos tenha chegado ao fim.

6. Armazenar criptográfico em carteiras frias

Durante um mercado de ursos, há menos liquidez nos protocolos e trocas descentralizados. Além disso, as bolsas centrais vêem suas receitas diminuir. Menos liquidez pode causar problemas nos protocolos descentralizados. Além disso, não é inconcebível que uma central de câmbio vá à falência durante um mercado de ursos.

As trocas e os protocolos DeFi, é claro, sempre prometem que suas moedas criptográficas são realmente suas, e elas não podem se apoderar delas. Entretanto, a criptografia é um mercado menos regulamentado, e muitos cenários impensáveis se tornaram realidade no passado (pense no fiasco do Terra).

Os especialistas em criptografia preferem armazenar suas moedas criptográficas em uma carteira de hardware durante um mercado de ursos. Assim, você tem o controle total de seus próprios bens, sem depender de outra parte. Ledger e Trezor são editoras conhecidas de carteiras frias. Você pode armazenar praticamente qualquer moeda criptográfica neles.

Durante um mercado de ursos, é difícil determinar a melhor maneira de usar seu capital. Naturalmente, você quer proteger seu patrimônio tanto quanto possível contra uma queda no valor. Quando os preços em outros mercados, tais como ações e metais preciosos, também caem, e o dinheiro fiduciário se torna menos valioso devido à inflação, é ainda mais difícil elaborar uma estratégia para proteger seu capital.

Muitos comerciantes criptográficos bem sucedidos protegem seu capital utilizando os métodos acima. Apesar do fato de muitos outros comerciantes utilizarem esses métodos, é claro que ainda é importante fazer uma avaliação de sua situação e pesquisar as várias opções para a proteção do capital.

Diversificação em um mercado de ursos

Muitos investidores entram no mercado criptográfico durante um mercado de touro: os preços estão subindo, as expectativas são favoráveis, há uma grande confiança no mercado e, infelizmente, os riscos são muitas vezes esquecidos.

Se o mercado se transformar em um mercado de ursos, muitos investidores não estão bem preparados para isso e perdem muito dinheiro. Embora isto possa ser evitado pela disseminação de riscos através da diversificação de sua carteira. Ao diversificar você reduz seus riscos de investimento, sem que isto tenha que vir às custas de seus retornos.

Este capítulo explica exatamente o que é a diversificação, por que ela é importante durante um mercado de ursos e como construir um portfólio equilibrado.

O que é um mercado de ursos?
No mercado criptográfico, dois períodos principais são geralmente distinguidos: o mercado de touros e o mercado de ursos. Estes termos referem-se à forma como estes animais atacam suas presas e são usados como metáfora para os movimentos do mercado.

Durante um mercado de touros, vemos os preços subirem significativamente durante um período de tempo mais longo e há um alto nível de confiança entre os investidores. Portanto, isto pode ser bem comparado a um touro levantando seus chifres no ar.

Um mercado de ursos, por outro lado, é caracterizado por declínios rápidos e acentuados durante um longo período de tempo, com baixa confiança no mercado. Muito parecido com um urso que derruba suas garras. No mercado tradicional, os declínios de 20% são rapidamente considerados um mercado de ursos. No mercado criptográfico, no entanto, declínios de 20% ocorrem regularmente e podem, portanto, ser vistos como bastante normais. Com um verdadeiro mercado de ursos no mercado criptográfico, você deve, portanto, pensar em declínios maiores. Declínios de mais de 90% não são excepcionais. Há então consideravelmente pouca demanda e muita oferta, portanto, os preços cairão muito.

Riscos durante um mercado de ursos
Durante um mercado de ursos, uma série de riscos específicos surge.

Depreciação da carteira
Como os preços das moedas criptográficas caem tão rapidamente, sua carteira também cairá de valor. Isto é, se você ficar quieto e não fizer nada a respeito. Se sua carteira perder 90% de seu valor, não é impensável que isso o deixará ansioso e em pânico. É ainda pior se você então entrar em pânico e vender sua carteira com uma perda enorme.

Desaparecimento de moedas criptográficas
Outro risco que vem em cima disso é que muitas moedas e projetos criptográficos desaparecerão durante um mercado de ursos e não retornarão. Onde se espera que a maioria das grandes moedas criptográficas suba novamente durante o próximo mercado de touro, muitas pequenas moedas criptográficas desaparecerão para sempre. Portanto, se você tivesse investido nelas, poderia perder muito dinheiro. Somente projetos criptográficos que são realmente bem construídos sobreviverão ao mercado de ursos.

Bancarrota de trocas criptográficas/plataformas
As trocas criptográficas e outras plataformas criptográficas também podem entrar em problemas por causa da queda acentuada dos preços. Se não conseguirem mais cumprir suas obrigações como resultado, isto pode levar à falência. Se uma troca for à falência e você tiver seu criptograma lá naquele momento, a chance de recuperar o dinheiro investido é muito pequena.

O criptograma mantido pela bolsa cairá na massa falida. Como cliente desta troca, você é apenas um credor inseguro, o que significa que você será apenas um dos últimos a ser pago fora da massa falida. Na maioria dos casos, nessa época, a herança já está há muito vazia e, portanto, insuficiente para pagar a todos os credores, deixando-o de mãos vazias. Uma expressão popular no mundo criptográfico é, portanto, uma expressão popular: "Não suas chaves, não suas moedas". Sem possuir a chave de sua carteira, como nas trocas criptográficas, você não está no controle de seu criptograma.

Roubos e fraudes
Finalmente, vemos com freqüência no final de um mercado de touros/início de um mercado de ursos que grandes furtos, fraudes e outras formas de crime criptográfico levam a muita agitação no mercado criptográfico, fazendo com que as pessoas percam a confiança no mercado criptográfico. Mesmo depois disso, ladrões e golpistas gostam de atacar quando há pânico, exatamente o que acontece durante um mercado de ursos. Pense no roubo e na invasão de protocolos, trocas criptográficas ou mesmo de sua carteira, o que pode fazer com que você perca seu criptograma.

Portanto, é bom pensar sobre os riscos que ocorrem durante um mercado de ursos. Você pode obter altos lucros com criptografia, mas certamente também grandes perdas, especialmente durante um mercado de ursos. E isso é algo que muitas pessoas não levam em conta o suficiente, o que significa que acabam perdendo muito dinheiro durante um mercado de ursos. E isso, é claro, é uma verdadeira vergonha!

A próxima pergunta é então como se preparar para esses riscos, para que você possa evitar perder seu

dinheiro o máximo possível? A resposta é:
diversificação.

O que é diversificação?
A diversificação é uma estratégia de investimento que
espalha o risco por vários tipos de produtos financeiros,
setores e/ou plataformas. O objetivo aqui é minimizar o
risco que um investidor enfrenta ao ter seu
investimento total dividido em diferentes componentes
que não são todos afetados pelo mesmo evento
negativo.

Um risco aqui se refere à probabilidade de ocorrência
de um evento indesejável no futuro que terá um
impacto negativo na realização de suas metas. No caso
de investimentos, isto concretamente equivalerá à
chance de incorrer em uma perda. Portanto, você
realmente tem que evitar que, caso ocorra um certo
evento adverso, ele afete todo o seu investimento.

O futuro é difícil de prever, mas podemos nos preparar
o melhor possível para ele. A diversificação é, portanto,
um elemento importante a ser considerado na
construção de sua carteira. Ao diversificar, você reduz
seus riscos de investimento sem ter que sacrificar seus
retornos.

Espalhar os riscos
Muitos novos investidores entram no mercado de
criptografia durante um mercado de touro, e então
decidem comprar e negociar criptografia por causa do

hype e do fomo. Os preços sobem significativamente, as expectativas são favoráveis, há uma grande confiança no mercado e, infelizmente, os riscos são muitas vezes esquecidos. Se o mercado então se transforma em um mercado de ursos e uma grande correção ocorre com os riscos acima mencionados, muitos investidores não estão bem preparados para isso e perdem muito dinheiro. Embora isto possa ser evitado pela disseminação dos riscos.

Você pode distribuir seus riscos por 1: diversificando sua carteira investindo em diferentes produtos e setores financeiros e 2: distribuindo sua carteira por diferentes plataformas e carteiras. Estas duas opções serão explicadas mais adiante.

Diversifique sua carteira
Como mencionado, a diversificação não se trata apenas de comprar diferentes tipos de moedas criptográficas, mas também de espalhar seu investimento por vários produtos e setores financeiros. Se olharmos para o passado, vemos que durante um mercado de ursos criptográficos, alguns ativos têm melhor desempenho do que outros. Isto porque alguns setores ou empresas podem lucrar quando outros sofrem perdas.

Portanto, é útil divulgar sua carteira de forma que uma certa circunstância adversa do mercado não afete todos os seus investimentos. Você poderia fazer isso, por exemplo, HODLING pelo menos parte de suas moedas criptográficas e/ou comprando um pouco mais cada vez, vendendo parte de suas moedas criptográficas e convertendo-as em várias moedas estáveis e fiat money, e também investindo parte delas, por exemplo, em ações, títulos ou metais preciosos e commodities. Idealmente, sua carteira deve consistir de produtos financeiros de diferentes setores e regiões.

Moedas criptográficas

A diversificação pela compra de diferentes moedas criptográficas garante que os downturns sejam absorvidos pelas outras moedas criptográficas que você possui. Isto reduz o risco de sua carteira como se você só investisse seu dinheiro em um tipo de moeda criptográfica e você fosse menos vulnerável ao risco. Por exemplo, suponha que você tivesse investido tudo em Terra (Luna), você teria visto todo o seu investimento evaporar após a queda. Portanto, não é prudente ter apenas um tipo de moeda criptográfica em sua carteira. Portanto, tente diversificar através de múltiplos tipos de moedas criptográficas, pesquisando quais projetos criptográficos são bem construídos e têm potencial para crescer no futuro.

Em um mercado de ursos, os preços das moedas criptográficas são baixos. Portanto, pode ser um bom momento de compra. No entanto, é difícil prever exatamente quando o mercado de ursos atingiu seu fundo, quando os preços estão no seu ponto mais baixo. Portanto, uma forma popular de investir é o método de média de custos em dólar (DCA), onde se investe quantidades iguais em intervalos regulares, independentemente do preço da moeda criptográfica no momento, a fim de se obter o maior retorno possível. Por exemplo, você compra uma série de moedas criptográficas diferentes a cada mês por 100 euros.

Moedas estáveis e fiat money

As moedas estáveis são moedas criptográficas que sempre se esforçam por um valor estável. Elas são suportadas por um ativo subjacente, ao qual o preço está ligado. Em princípio, não importa muito o que é o ativo subjacente, desde que o valor total seja igual à demanda. Isto porque, para garantir um valor estável, a oferta e a demanda devem estar em equilíbrio.

Em muitos casos, o preço das moedas estáveis está ligado ao fiat money, geralmente o dólar americano. A intenção aqui é refletir o valor do dólar americano, para que exista uma moeda criptográfica estável que possa ser usada como dólar digital, por assim dizer, e que proteja contra a volatilidade no mercado criptográfico. Portanto, a idéia é que uma moeda estável deve sempre valer cerca de US$ 1,00. Portanto, moedas estáveis fornecem segurança e proteção em um mercado de ursos para garantir que o valor de seus ativos não caia. Uma boa opção pode ser descontinuar suas moedas estáveis em um mercado de ursos e ainda ter lucro. Isto geralmente proporciona um retorno muito maior do que colocar seu dinheiro em uma conta poupança, por exemplo.

Existem agora muitos tipos de moedas estáveis. Abaixo está uma lista das mais populares:

- Corda (USDT)
- Moeda USDC (USDC)
- Binance USD (BUSD)
- Dai (DAI)

Na prática, porém, moedas estáveis não estão isentas de risco e podem também apresentar volatilidade ou até mesmo queda de valor total. Exemplos disto são os vários processos judiciais nos quais Tether foi processado e o incidente Terra (Luna) em maio de 2022, que deixou claro que TerraUSD não é uma moeda estável e segura. As moedas estáveis não são, portanto, isentas de riscos. Portanto, fique atento.

Para melhor espalhar seus riscos, seria melhor espalhar seus ativos entre várias moedas estáveis, ao invés de optar por uma única moeda estável. Melhor ainda é converter uma parte em moeda fiduciária, como dólares ou euros, apenas para ter certeza. Se algo acontecer com uma ou mais moedas estáveis, pelo menos você não perderá todo o seu dinheiro.

Outras categorias de investimento
Como acabamos de mencionar, a diversificação não se trata apenas de construir uma carteira que consiste de diferentes tipos de moedas criptográficas, mas também de se espalhar através de múltiplos produtos financeiros. Você pode diversificar sua carteira

investindo alguns de seus ativos em ações, títulos, metais preciosos, commodities ou ETFs, além de moedas criptográficas.

Ações e títulos

As ações são simplesmente colocadas, unidades comerciáveis no capital de uma empresa e ainda é atualmente a forma mais popular de investir. Assim, quando você compra uma ação, você coloca dinheiro à disposição de uma empresa e se torna um proprietário parcial. Quando a empresa tem lucro ou prejuízo, isto se reflete no preço das ações.

Isto mostra que as ações também estão sujeitas a riscos. Se a empresa se sair bem, o preço sobe. Se a empresa tiver um mau desempenho ou se houver outros desenvolvimentos negativos, o preço cai. É importante ressaltar que nem todos os eventos têm o mesmo efeito sobre as empresas. Quando um desenvolvimento pode ser benéfico para uma empresa, ele pode ser desfavorável para outra. Por exemplo, se o preço do petróleo subir, então isso é favorável para uma empresa petrolífera, mas desfavorável para uma empresa de transporte.

Se uma empresa entrar em falência, como acionista você, na maioria dos casos, perderá seu dinheiro. Portanto, mesmo com ações, é sábio distribuir seu investimento por diferentes ações. Além disso, você pode optar por outras categorias de investimento, como por exemplo, títulos. Um título é um empréstimo negociável emitido por empresas, governos ou países. Como investidor, você pode investir neles emprestando dinheiro, pelo qual você recebe um percentual fixo de juros. No final do prazo do empréstimo, você recebe seu dinheiro de volta.

Você pode investir em ações ou títulos através de vários corretores. Um dos mais conhecidos é o eTorro.

Metais preciosos e commodities

Outra opção para garantir maior diversificação em sua carteira é investir em metais preciosos e commodities. Pense não apenas em ouro, prata e petróleo, mas também, por exemplo, minério de ferro, carvão, grãos, café, algodão, etc.

As mercadorias são escassas e, portanto, não estão infinitamente disponíveis, portanto o preço é determinado pela oferta e demanda, o que o torna um investimento atrativo. Além disso, ao contrário de outros produtos financeiros, as commodities não podem ir à falência. Entretanto, também aqui deve-se levar em conta o risco de que os preços das commodities possam flutuar acentuadamente devido a várias circunstâncias, tais como conflitos políticos e desastres naturais.

O metal precioso mais popular em que se pode investir é o ouro. Muitos comerciantes de crypto, portanto, recorrem ao ouro durante um mercado de ursos. Você gostaria de saber mais sobre isto? Neste blog, explicamos como mover seu criptograma para o ouro.

ETFs

Finalmente, uma maneira fácil de diversificar sua carteira é através de fundos negociados em bolsa (ETFs). Os ETFs, em resumo, são fundos que rastreiam um índice, título, mercadoria ou um composto de múltiplos produtos. Os ETFs seguem o valor dos produtos subjacentes e podem ser negociados no mercado de ações assim como as ações e títulos. Este é, portanto, um produto financeiro ideal para a disseminação de seus riscos, pois você está, por assim dizer, simplesmente comprando um grupo de ações que fazem parte de um determinado tipo ou categoria e podem, portanto, ser muito diversos.

Abaixo estão listadas algumas ETFs populares:

ETFs índice: este tipo de ETF segue índices, tais como o índice AEX
ETFs de títulos: este tipo de ETF rastreia os títulos.
ETFs de commodities: este tipo de ETF rastreia commodities.
ETFs industriais: este tipo de ETF rastreia toda uma indústria, como tecnologia ou petróleo.

Divulgando o acervo de sua carteira

Além de diversificar sua carteira, é importante também difundir o armazenamento de sua carteira. Como mencionado, as trocas criptográficas correm o risco de entrar em falência durante um mercado de ursos. Quando uma troca vai à falência e você detém seu criptograma naquele momento, a chance de que você recupere seu dinheiro investido é muito pequena. Há também o risco de roubo e de pirataria de protocolos, de trocas criptográficas ou mesmo de sua carteira, o que pode fazer com que você perca seu criptograma. Você pode se preparar para isso, liderando sua carteira através de diferentes plataformas e carteiras.

Moedas criptográficas e estáveis:
Para evitar perder seu criptograma devido a uma falência ou a um hack de uma troca criptográfica, é uma idéia sábia ao menos não armazenar todo seu criptograma em uma única troca. A melhor opção é proteger seu criptograma usando uma carteira de hardware, onde seu cripto é armazenado offline e não em trocas ou plataformas. Você pode ler mais sobre isso neste blog.

Dinheiro Fiat:
A maneira mais segura de depositar seu dinheiro fiat é em sua conta bancária e, portanto, não em uma troca criptográfica, devido aos riscos acima mencionados. Para garantir esta segurança, os bancos estão sujeitos a leis rigorosas e são supervisionados. Além disso, seu dinheiro em um banco na Holanda é legalmente protegido pelo esquema de garantia de depósito, que garante que você receba seu dinheiro de volta (até um certo valor) se um banco entrar em falência.

Outras categorias de investimento:
As plataformas onde você compra ações, títulos, metais preciosos, commodities e ETFs estão, como os bancos, geralmente sujeitas a regulamentações rígidas, ao contrário das trocas criptográficas e, portanto, muito mais seguras em termos de armazenamento. Muitas vezes seus ativos aqui são separados dos ativos da plataforma, o que significa que eles não cairão na massa falida no caso de uma falência. Além disso, há também uma regra de compensação para os investidores aqui, que permite que você recupere seu investimento até um certo valor em caso de falência, por exemplo.

Este capítulo discutiu extensivamente a importância de diversificar sua carteira para que você possa disseminar os riscos. O futuro é difícil de prever, mas podemos nos preparar o melhor possível construindo uma carteira equilibrada, onde não apenas diferentes tipos de moedas criptográficas são adquiridas, mas também outros produtos financeiros, tais como ações, títulos, commodities ou ETFs, e onde o armazenamento de sua carteira é disseminado. Finalmente, é importante escolher uma estratégia que se adapte melhor a você!

Seu livro GRATUITO

Se você quiser fazer um começo lucrativo no mundo da moeda criptográfica, certifique-se de baixar nosso bônus gratuito com **12 dicas extremamente valiosas para iniciantes!**

Com este livro e estas dicas, você terá a garantia de começar bem com seus investimentos futuros!

Cadastre-se aqui para ter acesso instantâneo e dar o pontapé inicial para o sucesso de seu criptograma:

https://campsite.bio/stellarmoonpublishing

Especialistas em Cripto

Você está procurando uma nova maneira de investir?

Você está procurando ganhar algum dinheiro?

Interessado em investir mas não sabe por onde começar?

Você quer iniciar suas negociações criptográficas com o conhecimento de especialistas de renome em finanças e investimentos?

O Curso de Negociação Especializada em criptografia é o curso mais abrangente sobre negociação e investimento com moedas criptográficas. Você aprenderá como negociar em apenas alguns minutos por dia. Nós ensinamos tudo desde análise técnica, gerenciamento de risco, e muito mais.

Nosso objetivo é ajudá-lo a tornar-se um comerciante de sucesso para que seu futuro financeiro possa ser seguro.

Investir nunca foi tão fácil com nosso plano passo a passo que ensina os iniciantes a negociar como um especialista - com o potencial de obter enormes lucros!

A melhor parte deste curso é ensinada por especialistas. Então, do que você está esperando? Comece hoje mesmo!

Para mais informações, visite este link:

https://payhip.com/b/ork8N

www.ingramcontent.com/pod-product-compliance
Lightning Source LLC
Chambersburg PA
CBHW070835160726

48004CB00001B/392